图解服务的细节

118

行列日本一　スタミナ苑の繁盛哲学

一切只与烤肉有关

［日］丰岛雅信 著

戴秋娟 译

人民东方出版传媒
People's Oriental Publishing & Media

东方出版社
The Oriental Press

图字：01-2021-1205 号

GYORETSU NIHON-ICHI: STAMINA-EN NO HANJOU TETSUGAKU by Masanobu Toyoshima
Copyright © Masanobu Toyoshima 2018
All rights reserved.
Original Japanese edition published by Wani Books Co., Ltd.

This Simplified Chinese edition is published by arrangement with
Wani Books Co., Ltd, Tokyo in care of Tuttle-Mori Agency, Inc., Tokyo
through Hanhe International (HK) Co., Ltd.

图书在版编目（CIP）数据

一切只与烤肉有关／（日）丰岛雅信 著；戴秋娟 译. —北京：东方出版社，2022.8
（服务的细节；118）
ISBN 978-7-5207-2838-6

Ⅰ. ①一…　Ⅱ. ①丰…　②戴…　Ⅲ. ①烧烤—餐馆—商业经营—经验—日本
Ⅳ. ①F733. 136. 93

中国版本图书馆 CIP 数据核字（2022）第 110387 号

服务的细节 118：一切只与烤肉有关
（FUWU DE XIJIE 118：YIQIE ZHI YU KAOROU YOUGUAN）

作　　者：[日] 丰岛雅信
译　　者：戴秋娟
责任编辑：崔雁行　高琛倩
出　　版：东方出版社
发　　行：人民东方出版传媒有限公司
地　　址：北京市西城区北三环中路 6 号
邮　　编：100120
印　　刷：北京明恒达印务有限公司
版　　次：2022 年 8 月第 1 版
印　　次：2022 年 8 月第 1 次印刷
开　　本：880 毫米×1230 毫米　1/32
印　　张：6
字　　数：85 千字
书　　号：ISBN 978-7-5207-2838-6
定　　价：48.00 元
发行电话：(010) 85924663　85924644　85924641

序

大家好！

我是烤肉店"Sutamina 苑"的丰岛雅信。老顾客和店员、临时工亲切地叫我"老雅"或者"雅总"。

我们店位于偏僻的足立区鹿滨，这里也被大家戏称为"陆上荒岛"。从距离最近的车站步行到我们店要 30 分钟以上。能利用的公共交通工具只有公交车和出租车。大部分客人都是开车过来的。

虽然交通不便，但还是有很多客人从东京都、全国各地乃至国外过来。

我们平时 17 点开门营业。开门前两个小时就有客人开始排队等位了。有时甚至会提前三个小时就开始排起长队。即使开门前就排队，也不能保证能第一拨进店用餐。

似乎很多杂志和媒体都报道过："首相也曾经在那里排队""开门前两个小时就开始排队"。因为我们店不接受预约，大人物也好，大忙人也好，来我们这里都要排队。

那么为什么大家都被这家店吸引、不辞辛劳地跑过来呢？不管是暑热天气还是下雨天都要排队才能吃上烤肉。

答案就在敝店为客人提供的肉之中。

我们店的招牌除了牛腹肉、里脊这些特选肉之外，还有我精心腌制的各种内脏，也就是"烤内脏"。

现在大家吃动物肝脏的情况已经比较普遍了。在大街上的各种烤肉店可以比较容易就能吃到"烤内脏"。但大家可能有所不知，日本人开始吃内脏其实只是最近的事。

除了肝脏还有牛百叶、牛的第一胃、第四胃，这些虽然现在都是受欢迎的"烤内脏"食材，但是过去甚至都不能提到这些词，更不要说去吃内脏了，"内脏"最早的语源可以翻译成"扔掉的东西"。还在内脏被认为是最下等的食材的时代，我已经开始烹饪内脏，并渐渐被内脏的美味吸引，希望让更多的人吃到这种美味。

我从 15 岁开始在"Sutamina 苑"工作。

我家里经营一家肉铺，后来妈妈和哥哥一起开了这家店，让我在店里工作。虽然我也想做更体面的工作，但是那个时候不好找工作，我也别无选择。

一开始我完全提不起精神，年轻的时候干活儿也不是那么上心，可能是因为我的手有残疾吧，父母对我的要求也不高。

我的右手曾经受过伤。

2 岁的时候，我对自家肉铺里的绞肉机充满好奇，忍不住就把手伸进去了，结果可想而知，我失去了两个手指。那个时候的情况已经想不起来了，好像是父母听到我撕心裂肺的哭声后，赶紧跑过来从绞肉机中拽出我的手，把我送到医院去抢救的。

因为右手，我吃了不少苦头。

现在回首自己的人生，可以说在不停地受苦。小时候受歧视，找工作时屡屡失败，甚至还曾经无家可归。

我曾经想过："为什么会这样，我能够接受失败吗？"

"为什么只有我如此不幸？"我甚至为此憎恨过神灵。但是不停地发牢骚是不能解决任何问题的。反正总要活下去，那么为什么不快乐一些呢？我要感谢神灵让我如此乐观。

在 30 岁左右，我开始意识到经营烤肉店的乐趣。

提起烤肉店，你可能会想到排骨、里脊这些部位，但最近开始流行肝脏、内脏。年轻人吃到有油脂的肝脏会很开心，因为他们觉得很好吃。

我开始进烤肉店工作的时候，还没有哪家店会提供烤内脏。我觉得很奇怪，因为我痴迷于烤内脏的香味，也特别想让大家尝尝这种美味。

如此美味却不为人所知。我敏锐地意识到内脏很可能成为 Sutamina 苑制胜的武器。

我在食材的处理上下了不少功夫，也经过了各种试错。比如采购来的肝脏，经过处理后，有一半都要丢弃。此外还要仔细检查牛的第四胃上面的牛须，一根不剩地彻底清理干净。

正因为我全心全意去处理内脏等食材，我们才能成为超人气的烤肉店。

现在内脏已经成为烤肉店中比较受欢迎的菜品，和过去相比普及范围扩大了不少。虽然听起来有点自夸，但 Sutamina 苑和我对内脏在烤肉店的普及应该是做了一点贡献的。

在店里打工的店员几乎全是小青年，大家工作都很开心。

我常跟他们说："要把客人当作自己的女朋友，用心去接待!"

因为我教育店员要认真待客，所以到我们店里来的客人也都很高兴。来过一次之后逐渐成为我们老主顾的客人也不少。

我喜欢看客人满意的笑容。当看到他们一边嚼着烤肉，脸颊有些许凹凸，一边说"太好吃了"时，我会很感动。我今年就快 60 岁了，每天在厨房里连续站着工作 12 个小时就是为了给客人提供美味烤肉食物、看到他们满意的笑容。我每天舍不得睡觉，想一直拿着菜刀工作。

店里洗手间的卫生都是我来负责。打扫卫生、加工食材这些工作绝不能放松。一旦偷懒，明天就不会有客人来了。我一直这样要求员工，也是如此激励自己的。

疯牛病、东日本大地震、雷曼事件，这些有可能影响客流量的事件频繁发生。我觉得空闲是最可怕的，所以空闲的时间也不可以浪费。只有亲身体会才会明白一些事情。我想告诉大家，使用时间的方式会影响你的人生。

我切肝脏切了 45 年。1999 年 Sutamina 苑在美食攻略 "Zagat Survey" 中被评选为第一名，2018 年在美食网站 "Tabelog" 被选为全国知名店铺的第一名。大家经常说我们是日本最好吃的烤肉店。

交通不便的老店凭什么可以成为第一呢？我们是如

何成为烤肉界第一的呢？如果你能听听我的故事我会很
开心，听过之后你绝不会后悔。

现在就开始吧。

欢迎您来到最美味的烤肉店，Sutamina 苑。

目　录

第 **1** 章
丰岛雅信的人生

第 2 章
关于 Sutamina 苑

第 **3** 章
丰岛雅信的工作哲学

第 4 章
兴盛之店法则

第 **1** 章

丰岛雅信的人生

2 岁多时右手受重伤

我一直做切肉的工作，已经快 45 年了。Sutamina 苑最早是经营肉店起家的，我母亲后来又开了这家烤肉店。

家里有四兄弟，我排行最小。现在和我一起开店的哥哥其实是我的二哥，和我相差九岁。大哥去隐居了，三哥在做其他工作。因为家里经营肉店和烤肉店，当时是大哥继承了肉店。二哥曾经去烤肉店做学徒，回来以后自然就继承了烤肉店。我和二哥联手一直在经营烤肉店。

因此，Sutamina 苑的社长是我哥。我偶尔会接受采访，在人前露面，哥哥却是那种沉默、不爱出头的性格。在店里如果我不跟哥哥说话，他不会主动找我说话。我们分工明确，性格正好相反，互不干涉，自得其乐。

我出生于 1958 年，当时经过战后恢复期，日本逐渐走上复兴之路。大概是因为父亲曾经在肉类加工厂工作过，所以我们家开始经营肉店。和现在不同，这附近以前是非常热闹的商店街。以前也没有大型超市，一到傍晚就有很多购物的人，很是热闹。

　　回想起那个年代，马路上人头攒动，到了傍晚人和人想错开走路都很费劲。

　　如果有新店开张，还会邀请小乐队吹着喇叭在商店街走一圈，人流汹涌甚至没法直行。那个时候街上有很多商店，现在几乎都消失了。

　　以前的人都很像吧，父母都很勤快。虽然不是那种喜欢指挥别人做这做那的人，但是他们引导我们四个孩子都能靠自己的本领生活是很了不起的。

　　虽说父母很勤快，但是家里并不富裕。在那个年代贫穷是正常的，我们也不觉得有什么不好。身边人过的日子都差不多，并不会视贫穷为耻辱。

　　父母每年都要工作到除夕钟声响起的时候。听到除夕钟声就可以关门了。以前各个商店都差不多吧。过年放三天假，家里也没什么好吃的，只有年糕，因为各家商店都关门了。

元旦也没什么可以去玩儿的地方，不过在西新井大师那里有夜市，在夜市的小摊买东西吃算是过年的一个乐趣吧。

对于孩子的教养，我的父母属于放任主义，印象中他们不会唠叨。我的兄弟们大概也有同感。只不过因为我是小儿子，父母格外疼爱一些。当然也许跟我的手受过伤也有关系。

我在 2 岁半左右的时候把手伸进了绞肉机，当时伤得很重。因为家里是经营肉店的，所以会有各种机器。具体情况已经记不清了，大概就是出于好奇，淘气的我把手伸进去试一下，结果就出事了。

听到我在号啕大哭，父母跑过来慌慌张张地想把我的手从绞肉机里拔出来，但是动不了。以前的机器铸造得很结实。可是不把手拿出来就没办法去医院，据说父亲用铁锤砸了好几下才把绞肉机从中间凿开，然后把我的手拔出来。

因为这件事，我的右手少了两个手指。从我记事起，右手就一直是这个样子了。

受伤以后住院时的样子还有照片留下来。照片中的我躺在病床上，手上缠了一圈又一圈的绷带，笑眯眯的。自己说有些不好意思，那时的笑容确实是天真烂漫。可能当时并没有意识到自己的手已经残疾了，还不懂事吧。

我觉得父母肯定很难过。虽然他们嘴上不说，其实他们心里一直是介意的。想想看，因为自己的视线一时离开了孩子，导致孩子失去了手指，真是想死的心都有了。现在我自己也有三个孩子，对于父母的心情有点感同身受。

父母爱孩子总是胜过爱自己的，我父母可能曾经想过："就让我们代替你去受苦吧！"最近在电视上看到虐待孩子的报道，真是无法想象。

我母亲 86 岁时去世了，她去世前应该一直对这件事耿耿于怀。我最终也没有去问母亲，当然也从来没有埋怨父母的想法。

小时候虽然受了很多苦，但正因为有这样一只手，我才一直努力到现在。只不过，能像现在这样想其实花了很长时间。

不会吹竖笛的小学生

　　小时候的乐趣是什么呢？和小朋友们一起玩儿吹泡泡，打棒球。虽然我的手拿球棒费劲，但我还是会和小朋友们一起玩儿。和朋友一起玩玩没问题，但是进不了球队。

　　那个年代，在小朋友中棒球队拥有大量粉丝，我也记住了 12 个主要球队选手的名字。

　　每天太阳落山到天黑以前我们会专注于玩儿棒球，6 点或者 7 点左右有人会喊："明天还要早起上学呢！"大家这才开始散去，一天下来都很开心。

　　我的手上总是裹着绷带。虽然伤已经完全好了，但现在想来应该是比较介意别人的看法才一直缠着绷带。小时候我没法玩儿翻花绳的游戏。

因为右手少了手指，吃了不少苦。自己不能戴手套，也因此受歧视，被嘲笑。小孩子的世界是很残酷的，这一点过去、现在都一样。

我听到过很多恶言恶语，被别人说"太恶心了"这种情况真是数不胜数。他们就在我面前直接说，无所顾忌，过去就是那样一个时代。

现在如果我们见到有残疾的人，不会过分关注，会很重视对方的感受。但是以前大家都不怎么讲客套的。

我开始取下右手的绷带是上小学以后的事。当时我自己还不愿意，小孩子哪里有什么勇气和心胸呢。

我想大概是父母帮我取下来的。为了在普通的学校和大家一起正常学习就必须这样做。这只手会陪伴我一生，父母和我大概都认识到了这一点，我们必须正视问题。

虽然手有残疾，但是我也没进特别养护学校。当时我们班里也有智力有问题的孩子，过去在普通学校里有各种孩子。

音乐课上起来很是辛苦。大家吹竖笛的时候，我却不能按住乐器上的气孔。只能一个人吹口琴。

我想班主任和音乐老师也很辛苦，他们需要花更多时间关注我。

印象中虽然没被欺负过，在学校也和大家一样生活，但心里隐隐还是有些自暴自弃的想法，在这种情况下，万幸的是我最终没成为不良少年。

上中学的时候我曾经喜欢一个女生，甚至和她约会过。我很能说，女孩子觉得我没有恶意，是个有趣的人，就同意和我约会了。但是见面后她看到我的手时，脸上的表情很惊诧："啊，你的手这是？"她以前好像没注意到我右手的状态。

学跳集体舞的时候也很痛苦，因为跳舞时要手拉手，女孩子们都不愿意和我分一组，我听到她们说"那家伙手很奇怪"。当然也不完全是因为这些事情，我下意识地会选择把手藏起来。

以前我也不愿意拍照。

我永远忘不了有人说"那个家伙没有手指"，只要我活一天，那个声音就会一直在我耳边回响。心灵的创伤很难消失。

有些事情，到了现在我才可以平静地说。

小时候我会定期去医院做手的检查。去的是虎之门附近的慈惠医科大学，因为要带我去医院，哥哥也因此可以不上班了。大哥比我大 12 岁。

哥哥曾经说："照看你我很开心。"有点可笑吧。

现在熟悉我的人多了，大家都知道手指的事情，所以我也放松了不少。握手时有人很友善，会主动伸出左手和我握手。

有些小孩子看电视介绍过我，他们见到我甚至会说："给我们看看你的手吧！"

他们这样说的话，我会给他们看的。因为他们对我有兴趣嘛。孩子虽然残酷但也很坦率。

走上社会最初的挫折，与右手有关

我家一直经营肉店，也做一些方便菜肴。土豆饼特别受欢迎，当时可卖了不少。

刚才我也说了，这条路一到傍晚自行车都没法通过，商店街很是拥挤。那个时代只要在家附近做点生意，就可以养家糊口。

但是我从没想过要继承家业。因为上面有三个哥哥，我计划中学毕业后去外面工作，而且也开始找工作了。我其实想离开家去神户一家有名的牛排馆工作。

和我家有生意往来的肉产品批发商劝我说："神户可是肉店的本源，你去那里锻炼一下怎么样？"当时我很年轻，也想去外面的世界闯一下，而且神户是一个很时尚的地方嘛，我觉得这个建议很不错。

此外，那个时候，提起牛肉大家就会想到神户，因为当时牛的产地还很少，日本人只知道神户、松阪这些地方。

与其说我是为了继承家业去做学徒，不如说是对神户的一种纯粹的憧憬。因为家里是经营肉店的，从小就开始帮忙，对肉有一种自然而然的亲近感。

如果早晚都要做和肉类有关的工作，那么比起自家的烤肉店，我更想学习有点时尚感的牛排。那个时候我只有 15 岁，还很年轻。

因为有熟人介绍，我参加了牛排馆的面试。那里要求学徒住店，具体需要多少年不太清楚，但我是做好离家去神户生活的准备了。

虽然有熟人介绍，牛排馆好像也急需用人，但是很遗憾，我没有通过面试。

理由就是我的右手。他们跟我说："我们是肉店，要拿菜刀的，这样手有残疾的话我们很为难。"

被当作傻瓜、遭冷眼的情况都有，但是明明白白地被告知"不需要你"这是第一次。

　　我很生气，因为我的右手，我就不可以做自己想做的工作吗？这是我步入社会遭遇的第一次挫折，对我的打击很大。

　　我甚至诅咒自己的右手，为什么神灵要让我经受如此考验？听说神灵只会让大家经受可以承受的考验，我曾经多次想：为什么我的人生是这样的？

敏感的15岁，被迫打开烤肉店之门

被牛排馆拒绝后，我就不再找工作了。也许是有些厌倦了吧。

回到家里，虽然并不想在烤肉店帮忙，当时又年轻，还想看看外面的世界，但是没有办法，我已经没有再找其他工作的勇气了。也就是说我只能在自己家的店铺工作。

我在烤肉店做学徒是从 15 岁开始的。

首先要学会洗肉。适应工作以后开始学习配菜，这些我并不讨厌。因为从上小学开始就在店里帮忙，对程序都比较熟悉。店里的叔叔们还经常夸我能干。有时候厌烦了在店里帮工，也会偶尔出去浪一下不回家，父母当然很生气。

每天都还挺忙，最令人发愁的是周六日不能像以前那样休息了。

因为和朋友的休息日对不上，有时候我会在平日自己去看电影。16—17岁的时候经常看电影。我常去日比谷的东宝电影院。

黑泽明导演的《德尔苏·乌扎拉》很有意思。还有《寅次郎的故事》系列、《日本沉没》、《砂器》也很好。山口百惠主演的《伊豆的舞女》虽然改编自名著，但当时流行看外国电影，比如《大逃亡》《终结者》，那个时候真是特别迷看电影。

我喜欢看那种邪不压正、推翻恶势力的电影。那种电影看完之后心情很爽快。比如《龙争虎斗》一上映我就去看了。真是很有意思。我基本上每周都去看电影，看完后还会买海报，回家路上继续看海报回味一下。

当时我最喜欢的演员是奥黛丽·赫本。我觉得她是世界上最可爱的人。《罗马假日》中她剪掉头发的场景太有冲击力了。你们还有印象吗？她特别可爱，难以想象世界上还有这么可爱的人，我有些陶醉了。

我甚至想给她写信表达自己的感情（笑）。当然最后也没发出，如果我写信的话也许真的可以等到回信。听说国外的明星很重视粉丝，应该会回信吧。自然是要用英语写，就写"我爱你"，虽然我是在口碑不算太好的学校鹿滨中学学的英语，但是做一些简单的交流还是可以的。

我的美国梦

我休息的时候喜欢读书。年轻的时候看了很多书，尤其是写战国时代的书。我把山冈庄八写的书都看了一遍，特别喜欢《织田信长》。对从底层打拼，后来成为大名的斋藤道三特别佩服。

信长的名言是："如果不叫的话，就杀掉。"

以前我觉得这样很酷，但是不知从何时开始，心境发生了变化，更喜欢"让它叫给你听"这种感觉。这和对待店铺、工作的心情有点类似，年轻的时候因为没有经验，对工作会很紧张。

我有一段时间曾经想去美国。因为我觉得如果是在美国的话是不是自己就可以自由自在地生活了呢？当时的美国可是自由的象征啊。像我这样有残疾的人，听说带上 100 万日元去美国也是可以生活下去的，这能让人感受到希望。

说到实现自己的美国梦，其实到底要做什么我还没有决断。就像淘金一样，在那里找到宝藏就是一件乐事吧。

你们知道有一家叫作"红花"的西餐厅在美国经营铁板烧连锁店的事吗？豪华的店铺吸引了很多客人，餐厅生意很好，甚至还成了汽车拉力赛的赞助商。那个店的社长是我的偶像，像他那样在美国开餐厅是我的梦想。

如果不喜欢的话待上一个星期还可以回来嘛，我的想法其实很简单。只是现在的年轻人恐怕不会有这种冒险精神吧？大家觉得呢？

之所以向往美国大概也是对当时生活的一种逃避。手的问题再加上厌倦了在自己店里当帮工的生活。

我和父母商量去美国的事情，他们挽留我不让去，一方面店里的工作需要我，另一方面作为父母他们很担心最小的孩子吧。

父母看到我的决心，可能认为我不是那么容易就被说服的。过了许久，我23岁的时候他们给我买了一辆丰田的Soarer，这款是丰田系列的高端车，当时刚开始销售，很受欢迎。我还记得开上车以后，孩子们都围过来跟我挥手。

　　但是，每天从早到晚都在店里帮忙，我几乎没有时间开车去兜风。

在河童桥严选适合左手用的菜刀

刚开始做学徒时比较困难的一点是我不能骑采购时用的摩托。油门开关在右侧，离合器在左侧，右手残疾的我无法骑摩托，但我还是考下了轻型摩托车的驾照。因为没有离合器，我就让摩托车行的工作人员把原本装在右侧的油门按钮移到了左侧。

本来我想骑 400cc 那种大马力的摩托车的，那个时候还是暴力团的天下，骑摩托车是一件很酷的事情。但现在想想，要是那个时候我的右手没问题，意气风发地骑上大马力摩托车，没准会出交通事故死亡。人生真是不可预测呀。

我是兄弟四人中的老幺，一起经营 Sutamina 苑的是我二哥。大哥虽然已经隐居，但是二哥很尊敬大哥，他总说"对于肉的了解咱们都比不上老大"。可以说我们全家都在做与肉有关的工作。

我就这样加入了母亲和二哥创立的 Sutamina 苑，和哥哥一起奋斗创业。我们俩一直遵循的一个原则就是相互不干涉对方的工作。

我们性格完全相反。哥哥沉默寡言，但是哥哥最厉害的地方就是默默地做事，就那么一直做。有时候他可能一天都不会说一句话，这点和我不同。我不会那样沉默地工作，总是忍不住想说点什么。

当然哥哥也不是性格阴暗。怎么说呢，他是有一些匠人气质的。

如果哥哥是匠人，我就是艺人。我总想着让客人开心。这也是我们的不同之处吧。

我俩之间刚好保持一种平衡关系，就是那种完美组合吧。哥哥默默地工作，我则负责对外宣传，从一开始就形成这样的分工合作关系。

在自家店帮忙并不困难。因为我从小就是这样干过来的，自己也切过肉，看着父母耳濡目染学会的。

等到中学毕业，我决定在店里帮忙后，第一次自己买了菜刀。因为是工作中需要的重要工具，我很仔细地挑选了一番。二哥陪我一起去了位于浅草的河童桥，在那里试了几把刀，最后我买到一把自己中意的。

因为右手不好使嘛，我就一直使用左手生活，写字、吃饭都是左手。买刀的时候特意寻找适合左撇子用的。

日本人当中还是常用右手的居多，所以刀也基本都是按照右手握刀而设计的。其实这个世界为右手提供了很多便捷，只不过平时大家都没有注意到而已。

选刀是个难题。如果右手握刀会有 20 多把可以选择，但是左撇子就只有几把可选。

我们开肉铺的人用的刀都是单刃的，刀口很锋利。现在只要看到合适的刀就会马上买下来，不怎么看价格，大概也就是 2 万日元。那个时候买刀花了多少钱记不清了。我觉得刀也是一旦合手了，就会用起来特别顺。

我 2018 年 11 月就 60 岁了，经营烤肉 45 年，一直在切内脏，已经用坏了好几把刀了。

一直喜欢在家待着

休息的日子我就喜欢在家待着，一直都是这样。因为周日要工作，就没法和朋友一起玩儿了。不过，我自有一个人玩儿的秘诀。

我经常一个人默默地摆象棋残局。我喜欢听音乐，买了不少唱片，休息日就躺在床上戴耳机听音乐。

我从中学时代起就喜欢古典音乐。在什么地方听到"嗒嗒嗒……"的旋律，就会想这是什么曲子，"对了，是《命运》啊"。唱片也不分类别地买了不少。

我特别喜欢瓦格纳，他的音乐很有气势，结婚典礼上一般都会播放他的《女武神的骑行》。我的人生是与瓦格纳一起存在的。情绪好的时候，我心里流淌着女武神的旋律。

民歌类的我喜欢吉田拓郎的作品。最近还去大宫听了他的演唱会。我特别喜欢《青春的诗》这首曲子，它不仅旋律很好听，歌词也打动人心。我来唱两句吧。

"这个世界会有值得相信的吗？有可以相信的却偏偏佯装不信，流着悲伤泪水的人很漂亮。强忍泪水故作欢颜的人也很漂亮啊。"

"如果大家都能明白一直奋斗之人的心情，那么他们的心也就不会那样燃烧吧？"

第一次听这首歌曲的时候，歌词就深深印在了我的心里。我觉得歌词表现的就是我的心境。

年轻时候的我，不会瞻前顾后，犯了很多错，这首歌仿佛唱出了自己的心声，令人难忘。

但是，现在我耳边挥之不去的却是下面这首歌词。

"会有新人船夫去划旧船吧？现在划着旧船的不是原来的船夫吧？为什么呢，旧船也像新船那样划向未知的大海，原来的船夫是知道未知大海的恐怖的。"

到了我这个年纪，相同的歌曲听起来感觉又不一样了，能理解一些不一样的美好，所以音乐很有意思。

单手完成不了的，用嘴来帮忙，绝不认输

我原来是用右手的，但是已经不记得那个时候的自己了，现在全部工作都是用左手来完成的。

因为右手不方便，所以我没办法切那种吊挂起来的肉。那个时候我才意识到自己在这个世界上不能跟大家一样做同样的事情。不能和别人使用相同的方法做事，这是一堵很厚的墙。

一般配送给肉店的肉是大块儿的，如果是这样，只要每天都练习总有一天可以学会切肉。但是我家店里经常会配送一整扇肉，这就必须用手腕和手按住来切，有些难度，需要技术。牛肉价格很贵，万一切不好就会造成浪费，考虑原材料的成本问题也不能经常练习切肉。

肝脏的皮很难剥吧？富士电视台的纪录片《并非虚

构的故事》曾经拍摄过这个场景，看起来好似很简单，但这确实是即使双手健全也有些难度的工作。为了把肝脏的外皮去除干净，即使是双手健全的人也需要练习几年，如果是单手操作则更为困难。

我会定期磨刀。除肝脏以外的内脏，需要用比较大的刀且要依靠刀的重量来切。肝脏则是利用刀刃轻轻地切。

好的刀工决定了食材的味道，刀具的锋利度很重要，特别是对我来讲，锋利度稍微不合适，切的时候负担会更重，因此我平时很注意保养刀刃。

我用的菜刀会越来越短，现在我用这把刀就有些短。购买之后1—2年的刀用着最顺手，而越磨刀越短。菜刀这东西吧，你买特别贵的，也是每天都要消耗，倒也没必要。

刚开始做学徒的时候，我都不会磨刀。因为一只手有残疾，没办法按着刀操作。

另外，我没办法打开装有内脏的大塑料口袋。塑料袋封口打的那个结特别结实，很难打开。琢磨到底怎样才能打开着实让我苦恼了一番。

不过，我很快发现用嘴可以打开的方法。看着不好看，但是用手和牙齿一个人也能打开。

当然做什么事都有一个适应的过程。这需要一些时间，而一旦掌握了你就会很开心，会发现只要自己努力去做是可以完成的。即使吃点苦，但只要自己可以一个人去做就会觉得很开心。

所以，我和很多人都这样说：

"不是不会做，而是不去做。无论如何都要行动起来！"

我经常跟大家说："你能行的，要相信自己可以克服这个难关，要对自己有信心。只要做了就一定能做好。"

很多人其实不知道我身体有残疾。当然也没必要自己主动去说。电视节目曾经介绍我工作时的样子，有一些身有残疾的人和我说："因为看到你，自己又有干劲了。"这是一件令人高兴的事情。

前一段时间还有人特意从富士山过来见我。一起拍照时他说："我很感动，与您相比，自己的努力还不够。"这些都是令人欣慰的事情。

　　我从不把身有残疾当作干不好工作的理由。恰恰相反，我认为没有什么干不成的事情。不管什么事情，有干劲很重要，如果一开始就放弃就什么也干不成，必须去挑战。

　　话虽如此，其实我能有这样的心境也花了很多年，"为什么只有我的右手是这样的？"我也曾经怨天尤人。

　　和别人相比，上天眷顾我的就是性格吧。大家都说我很开朗，有不开心的事情睡一觉就忘了。这种特长靠努力是难以完成的。

鼓舞自己的另一个动力是家人

我进入烤肉的世界已经 45 年了。是什么激励我一直前行的呢？也许表达得不太清楚，但我心中一直有一个念头，就是"既然做就要努力去做"。

我曾经很喜欢打高尔夫，一般打半场不超过 60 分，因为球飞不起来。我没办法握紧球棒，因此也很无奈。

但是因为喜欢，有段时间很热衷打高尔夫球。

我还滑过雪，因为有一只手拿不起雪杖，所以转弯很困难，没什么进步。现在年轻人都喜欢单板，我甚至觉得如果自己年轻的时候有单板滑雪，自己应该可以享受滑雪的乐趣。

我还玩儿过冲浪。我的性格就是不管是娱乐还是什么，一旦喜欢上了就会全力以赴。

大家说我皮肤有光泽。那是因为我一直保持高昂的斗志。虽然不能说生病和心情有关，但是一直努力工作就是我保持健康的秘诀。

在我的人生当中，家人的存在非常重要。

和夫人结缘三十年。是我先对她有好感的，也是我求婚的，是那种一见钟情吧。

我也曾想过人生不管和谁结婚都一样，当然不包括刚结婚的时候。毕竟结婚后的人生还很长。也许还有惰性吧，即使像我这样外向的人，现在也不好意思说"我爱你"这样的话了。

我觉得妻子对我很是忍让。我一周只在家里吃一次晚饭。孩子们大概也因此感觉家里很冷清吧。

我父母也是做生意的，忙的时候顾不上做饭。只是在餐桌上放上各种餐包，现在看来好像是一种放养，但是以前大家都是那样过来的。

养育孩子是很辛苦的事。

我女儿 2017 年 4 月得了一种疑难病，需要经常去医院。这个时候做父母的会很自责:"那都是我的责任。"

想到我受伤的手,我知道母亲其实一直没有放下。到了现在这个年龄,我愈发理解母亲的心情。当我知道女儿得了疑难病时,女儿当然是痛苦的,而我感同身受。

我甚至想代替女儿去受苦,虽然不是火凤凰,但只要女儿的病能好就算让我付出生命也在所不惜。

所以我现在努力工作可以说都是为了家人。必须赚取高额治疗费,自己多做一些,以后就能多少给孩子留下一些。毕竟我不会长生不老。

昨天我也带女儿去了医院。没睡几个小时,办好住院手续后直接来到店里确实感到很疲惫。

为什么是我的女儿呢?我曾经说过怨恨神灵的话,为什么不是别人呢?

神灵是残酷的。为什么总要我经受考验呢?看着吧,这次我们全家会一起克服难关的。我就是靠这样的信念走到了今天。

➡采访鸵鸟俱乐部的寺门

Sutamina 苑的烤肉就是照映自己的镜子，是可以了解自己实力的标尺。

Sutamina 苑是烤肉行业的火炬手，永远跑在最前面，谁都追不上

有人说"我从职校毕业啦"，"在大学排练过戏剧"，而我所拥有的和肉有关的知识则是在 Sutamina 苑学的。这里就是我的学校。

我是关西人，关西被视为肉类的根据地。我喜欢吃，从小学二年级开始就边走边吃了。长大以后，我就想去寻找最好的烤肉店。

就这样，我踏上了寻找最美味烤肉的探索之路。

第一次来 Sutamina 苑是高中毕业，走上社会之前。从那时算起已经过了 30 多年了。当时店铺前面的大树只有现在一半高，是一家以新鲜的肝脏和内脏而出名的店。可以吃到当天加工的温热的肝脏。当时还可以吃到不少新鲜的内脏。

和雅信相熟大概花了 10 年时间吧。一个雨天，雅信看到我一个人在排队等着进店，就说："进店里等着吧。"我们是从那个时候开始闲聊的。

我总是排在第一个进店。进了店也会站在雅信的旁边，在他工作的时候跟他有一搭无一搭地聊一会儿，主要是聊和烤肉有关的话题，有时也会看看他工作的情况。就这样，不知不觉就熟悉了，他会问我："有今天新进的牛黄，吃不吃？"在中药里这可是和金子一样贵重的东西，有时候会掺杂在肝脏中。据说以前只有用天然牧草喂养的牛才能出牛黄，到现在已经是难得一见的珍品了。

2011 年东日本大地震那天，只有我一个人在这里吃烤肉。我是不到 3 点到的，在店里遭遇了地震。因为电车停了，大家都没办法过来。所以只有我一个客人。吃烤肉的时候，大概有五次余震，每次雅信都说："这个房子可能会塌，大家赶紧出去。"

Sutamina 苑的烤肉和内脏两大类搭配得十分完美，都很好吃。

决定烤肉店生意好坏的因素之一是内脏。为什么这样说呢？因为即使你出高价，也很难买到好的内脏。能够提供美味内脏的店是烤肉店中的翘楚，这个是毫无疑问的。

但是，我把 Sutamina 苑定位为特别的店铺，是因为菜肴整体水平非常高，酒水、菜肴单独拿出来水准也很高。

你能想象在这样一个偏僻的地方可以喝上冻顶乌龙茶吗？有没有萝卜泥可以做得如此黏稠、好吃的店？辣白菜发酵后的辣味和甜味的绝妙口感，可以就着白米饭一起吃的美味沙拉。和肉没有关系的副食菜单也是精彩绝伦，绝无松懈。

限定某一个菜特别好吃的店可能不少，但 Sutamina 苑是所有菜都好吃。

这家店就是烤肉行业的领跑者。跑在最前方，谁都追不上。一直保持排头兵的状态很不容易。为此他们流了很多汗水，这是一部奋斗的血泪史。我是一直看过来的。

雅信的年龄也不小了，一直保持高昂的斗志很不容易。据他讲，保持状态也很辛苦。即使这样，他还是让自己充满信心地站在这里。他的这种状态应该可以感染到每位食客。获得 2018 年"Tabelog 百姓评选美食金奖"对他也是一种鼓励。当然，需要强调的是，他不是为了获奖才努力工作的。

"把最好的肉烤好" 传递幸福

曾经有人问雅信："为什么不去东京都中心地区开店呢？"他有些生气地回答："我为了谁去市中心开店呢？

是为了赚钱才去开店吗？那会是谁赚到钱呢？是房东吗？那跟客人没有关系吧？"

雅信就是凭借这种热情一直在脚踏实地地努力，才成就了今天的 Sutamina 苑。

在 Sutamina 苑还有另外一个厉害的地方，对于学生有适合学生吃的烤肉，对于社会人有适合他们的烤肉。一个国家的首相或者国外的王室成员来的话也都有可以让他们满足的烤肉。

Sutamina 苑的肉是映照自己的一面镜子。是可以了解自己实力的标尺。因为人的力量就反映在端出来的烤肉上。例如，给我端出来的烤肉如果给学生吃就会有些奇怪。

我想在这里吃过一次的人应该都会有恍然大悟的感觉。

我想保持最好的状态吃肉，因此会步行到店里来。今天早上跑了十公里过来排队。因为基本上都是没吃饭就过来，保持肚子空空的状态，即使是掉在地上的饭团都会觉得好吃（笑）。我是真心想保持这种空腹的状态和这里的烤肉相遇。

肉也会被烤成最好吃的状态。有眼光的商人从畜产农户那里买到最好的牛肉。批发商再配送给店家，经过Sutamina苑最出色的工作，终于可以端上餐桌，所以我说Sutamina苑是传递幸福的接力手。

如此美味的烤肉，客人不能着急。这里的肉和内脏是神奇的组合，要好好烤。这是我的忠告。

第一次去Sutamina苑的人建议点普通里脊套餐，脂肪比例搭配合理，肉的味道也很纯。另外还有内脏拼盘、肝脏、肋骨、煮菜、萝卜泥、辣白菜、沙拉、牛肉汤、杏仁豆腐，这些准没错。希望大家全部品尝一下。

精益求精的工作成就了 Sutamina 苑的美味烤肉

Sutamina苑的菜品是经过长时间，由厨师流血流汗打造出来的，并不是简单一蹴而就的。不管其他店的菜多好吃，跟Sutamina苑比还是有差距的。

这跟武士道有点像。为了成为优秀的人应该怎么做呢？一是要一直拿刀，二是要有所悟。

一位有名的厨师曾经这样说过："为了让客人再来第二次而不懈努力的人才是真正的厨师。"

Sutamina 苑一直在这个地方开店，积累了无穷的知识和智慧，传承到现在。我们似乎在品味它的历史。我们在品味丰岛兄弟流着血泪换来的烤肉店的历史。

菜刀、配刀、盐、调味这些蕴含着 Sutamina 苑的秘诀，大家意识到了吗？

雅信是一个亲力亲为的人，我也很担心他哪天会突然撑不住。

有很多人自称是烤肉粉，我想说的是，如果没吃过 Sutamina 苑的烤肉就不能随便评价烤肉。而且希望大家能知道这个店的工作内容。有肉的处理和切分、切葱丝、沙拉调味等。

我经常说："如果你到 Sutamina 苑来，不仅仅是吃肉，还可以通过烤肉体会到他们精益求精的工作态度。"

　　我应该是和 Sutamina 苑一起成长起来的，哦，说自己成长有些过了，但是和雅信以及他哥哥一起经历了相同的时代，能吃上这里的烤肉我觉得很幸福。

　　雅信的哥哥也说自己想退休了，那我们还可以吃多久呢？我有些担心。因此，我每次都是抱着一期一会的心情来吃烤肉。

　　如果 Sutamina 苑没有了，那我该去哪里吃烤肉呢？

　　现在的我也是边走边吃，也曾经去过被称为正宗烤肉的地方，但是总觉得还缺了点什么。我也曾经思考到底是为什么呢？我意识到正是因为我了解 Sutamina 苑才会出现这种情况。

　　不光是肉类，能把很普通的食材做成美味的 Sutamina 苑，对我来讲是一杆标尺，也是目标。

　　对了，我已经到天竺取到真经了（笑）。

第 2 章

关于 Sutamina 苑

Sutamina 苑 的 由 来

　　我家原本是经营肉店的，我母亲的弟弟，也就是我的舅舅建议说："开家烤肉店说不定以后能赚钱。"这就是我们开烤肉店的契机。

　　母亲有八个兄弟姐妹，我记得上面提到的这位舅舅有点黑社会的气质，但是对家人很和善，小的时候经常带我们去海边玩。我记得舅舅会说："我带你们去海边玩儿，不过要收费的哦。"我们当时确实被敲了竹杠（笑）。以前的人的确很有意思。

　　Sutamina 苑开业的时候我大概十岁。我并不讨厌帮忙，还是挺喜欢做生意的。我去帮忙的时候会得到顾客的表扬，这样我就很开心。我那时是个很单纯的孩子。

　　以前，烤肉店算是精致料理的代表吧，不是那种以很便宜的价格就可以吃到的食物。所以不能经常去吃。

特别是在关东地区吃猪肉比较多，牛肉是高级料理。关西地区则是自古以来就有吃牛肉的传统，炸猪排到了关西地区就变成炸牛排了。

我家的店铺一直叫 Sutamina 苑，好记又好听。店名是另外一位舅舅给起的，他是做房地产的，很会做生意。以前好像赚了很多钱。我家附近还有几处公寓都是舅舅的。

Sutamina 苑刚开业的时候生意还可以。但是我家不算富裕。那个时代只要认真做生意，基本上就可以养活全家。

我家因为经营肉店，所以有些便利条件。比如如果想吃杂烩，父亲就会用现有的食材做给我们吃。

那个真是特别好吃。

现在的炖杂烩根本没法比，味道还不及以前的半分，那到底是为什么呢？是因为疯牛病的影响。

2001 年暴发疯牛病以后，日本就将牛脑和牛脊髓做废弃处理了。牛脊髓里面就像豆腐一样，放进炖杂烩里汤会变得很稠，很好吃。

疯牛病暴发以前，去肉类加工厂很容易就能买到处理完肉剩下的脊髓，就是那种"早晚要扔掉的，想拿多少就拿多少"的感觉。

但是，现在全部都要由保健所的兽医来做废弃处理。

眼科实习医生也发愁，因为解剖课上要用牛的眼睛，但现在也找不到了（译者注：现在使用猪的眼睛）。

以前，在从 Sutamina 苑骑自行车能到的范围内有四家烤肉店，但是不知不觉，除了 Sutamina 苑，其他店都消失了。

过去，如果有值得庆贺的事情或者每逢发工资的日子，大家都会光顾附近的烤肉店。但现在不一样了，如果不够好吃客人就不会光顾。因为日本现在已经富裕了。

不光是烤肉店，还有很多店也经营不下去了，这大概与客人不再光顾附近的商店街有关。附近建起了一个大型超市，大家都去那儿购物，自然就没有人再特意跑到商店街来了。

这样偏僻的地方商品房越建越多，居住在附近的人也增加了。但是住在附近的人很少有我家的客人。不管离家有多近，如果每天都要排队，也不想去吧？如果是我可能也会想："排的队太长，下次再来吧。"

不接受预订的理由

　　我们店不接受预定。谁来都要排队。即使是有名的明星、政治家，规矩都不变。

　　有的顾客甚至从开门前 3 小时就开始排队。暑热天气、大雪天都有排队的客人。这是难能可贵的。因此我们也必须紧张起来，拿出更多的美味以不辜负客人的期待。

　　为什么不接受预约呢？我们是有站得住脚的理由的。

　　这与我年轻时的经历有关。我家店前面的药店老板从儿时开始就很喜欢我，很照顾我。从我开始在店里帮忙，他偶尔会到店里来喊："雅信，走吧！"然后就带我一起出去玩儿。

　　也是他教会了我成人世界的玩儿法。社长是赌博达人，真的很厉害。他抱着一大捆钱来到店里对我说："雅信，现在就去川口（摩托车赛场）！"一般就是20万日元左右，当时还没有电话和互联网投注，我代替他去下注。

到了赛场，我用公共电话跟社长联系。手拿赛程表用电话向社长汇报试车的时间。试车时间表是影响赛车结果的很重要的因素，如果不关注这个当然不可能赢。社长听了我的汇报稍微犹豫了一下，下指示说："就买这个和这个。"

每次都是连续下同一个注，我很吃惊，但每次按照社长的指示下注都会赢，我带去的钱很快就会成倍地增长。

赛马赢了那天，赢了钱、心情超好的社长会带着我一起去三浦屋吃河豚，那里离浅草的场外赛马券售票处很近，可以步行到达。那时年轻的我产生了一个疑问：这么受欢迎的店是否可以预约呢？如果不能预约对客人来说很不方便吧？

有一次我问店里的老板娘："为什么不接受预约呢?"

老板娘是这样回答的："客人一般不会按照预定时间过来，即使只有一两个人迟到都会影响翻台的时间。如果因为预约导致前面时间空着不也是浪费吗？有那个等待的时间都可以翻一次台了。"

我听了以后佩服得五体投地。

当时我刚 20 岁出头。Sutamina 苑和现在不一样，客人不是那么多。但是老板娘的话一直印在我的脑海中。

"如果我家的店有了人气，那我也不接受预约。"当时我心里暗下决心，这就是现在的模式了。

无论是演艺圈的明星，还是政治家都要排队。对他们不会特别照顾，如果要照顾也应该是那些每个月都会光顾好几次的客人吧。

秋元康有一句名言在此诞生

我们店开始有点名气是在 20 世纪 80 年代后期，泡沫经济之前吧。作家秋元康、林真理子，还有一些偶像和文人也开始光顾我们店。

秋元康曾说过"一起吃烤肉的情侣肯定在热恋的状态"，据说他是在我们店里吃烤肉的时候闪出这个念头的。虽然现在家里都用夹子烤肉了，但以前吃烤肉要使用筷子反复翻转肉片吧？用自己使用过的筷子去翻转烤肉……这个段子现在已经广为人知了。

最初大家可能感觉我们店有点像世外桃源，觉得有点意思。随着知名度的不断提高，来的名人也多了。

林真理子以我们店为背景创作了短篇小说《四岁的母牛》，小说的舞台就是 Sutamina 苑。

她来吃饭的时候，比别人到得都早，开店前就进入里面的房间写稿子。我的大儿子出生的时候后林女士还送了鲜花，我们一直保持着友情。刚开始来店里吃烤肉那会儿，她是当时作品热销的、几位年轻的实力派作家之一，此后也一直很照顾我们店。

对了，松田优作也来过。那天好像用店里的投币电话和谁通过话。

当时还没有手机，他好像在给夫人打电话，我总觉得好像在哪里听过这个人的声音，便从厨房探头一看，这不是松田优作嘛！

他的个子很高，几乎要碰到这根横梁了。那应该是他因病去世之前几年的事情了。

上周杰尼斯的一个高个子演员也过来了。很守规矩，安静地在那里等候。大热天的平静地等了两小时还是很不容易的。

前首相小渊惠三也曾经排过队。他还逗我儿子玩儿，给过儿子一点零花钱。

小渊很随和，吃饭的时候总有人会问："您是小渊首相吧？"他总是笑呵呵地回答："很像吧？经常会被认错呢。"最后他总是和大家握握手才回去。

客人和在职的首相握手都很高兴。他吃饭的时候，一直有安保人员在收银台附近站着呢（笑）。

小渊首相去世的时候我很伤心。他家就在东京都王子附近，我烤了他喜欢吃的烤肉做成便当送过去，夫人很高兴。

安倍先生也来过，开始是和夫人一起来的，但是估计是看排队的人太多就回去了。

对了，我们店里其实不需要一起去用餐的所有客人都排队。只要其中一位做代表排队就可以。只是排到的时候需要全体都到才能进店。只差一个人也不让进。

我们店的打工店员还看到一位特别有名的一线女演员，等候排队的时候在摄影车里喝香槟（笑）。他们吃完快回去的时候和那位女明星也闲聊了不少，她气场强大，但是个爽快的姐姐。

现在的明星和以前相比没有什么架子。我一直觉得，太傲慢的客人不行，在饭馆装腔作势可不成，那没什么好处的。

换句话讲，整体上看，现在的明星比普通客人还要低调一些。明星已经比较平民化了吧，不耍大牌当然是好事。

明星中有不少是美食家。他们也很会烤肉。比如他们很注意菜肴要趁热吃，如果放凉了就不好吃。

烤肉上来之后要马上吃才好吃。说来这也是很好理解的，我们是全心全意烹饪菜肴，对于不会吃的人，我们也不会把好菜呈现给他，因为给他们提供美味可能他们也不懂。

美食家知道怎么吃才好吃，这在很多方面让他们都很受益。

以前的客人还吃热乎乎的生的肝脏

　　我一直都很喜欢内脏。因为从小就吃嘛。即使现在我也认为世界上最好吃的就是内脏了。

　　炖杂烩这道菜在家庭中可能不是那么普及。但是我家是经营肉店的，近水楼台。那是一个还没有"点心"这个词的时代，我有多喜欢炖杂烩呢？母亲正在做炖杂烩，我就从旁边开始夹菜吃。小时候跟父母学着做过炖杂烩。

　　从 Sutamina 苑开车不到十分钟的地方就是父亲曾经工作过的肉类加工厂。上小学以后经常跟着父亲去上班，也看过肉类的竞拍。

　　过去内脏的进货方法和现在不同，肉店的人要去肉类加工厂自行购买。

内脏就那么往桌子上摆成一排，刚拿过来的肝脏甚至还在颤动，周边升腾起一股热气。以前可以比较容易地拿到新鲜的肉和内脏。拿到店里收拾加工一下马上就可以提供给客人。当时店里也提供午餐，出租车司机们下了早班来店里吃饭，他们喜欢吃内脏，嘴里塞满新鲜的、还有些温热的肝脏的情景让人难忘。

那是一个不怎么讲究的时代。暴发疯牛病以后，因为需要检查脑髓，就不可以随便进入食品加工厂了。

内脏是在黑市时代就有的传统食材，追溯词源，其日语发音 horumon 与"扔掉的东西"是相同的，所以就开始叫"horumon"了。这也说明日本人以前基本是不吃内脏的。但是战争刚结束，食品供应不足，那是一个卖方市场，没什么其他可以吃的，市场上卖内脏就只能吃内脏了。

即使是现在，不爱吃牛肉的老年人也很多。问他们原因，说是因为牛肉有一股臭味。现在的人可能不太了解了，以前把家养的牛杀掉后就吃，屠宰技术也不发达，那当然会有臭味。就像纯种马如果处理不好肉会很硬，根本没法吃。

现在的肉都有个体识别号码，产地和饲育地点都很清楚。但是，内脏是哪里产的其实分不清楚。屠宰完取出内脏就都混合到一起了，无法判断产地信息。

疯牛病暴发后，如果不通过批发商是难以采购到内脏的。而且牛的内脏更难采购。

因为供应量是一定的，你只想要内脏，可是如果不杀牛的话哪来的内脏呢？也就是说内脏的供应受到牛肉供应量的影响，很难采购到。品质好的更是如此。对于没有来往的新的买家，即使想要也不会有人分给他们。

批发商的工作就是提供优质食材。我的工作是把新鲜内脏提供给客人。因此需要花很长时间和批发商建立起长期的信赖关系。

以前总是取出内脏当天就可以送过来，现在由于需要进行疯牛病检查必须等到第二天才能送到。

一般傍晚 5 点左右内脏会送到，必须在当天进行处理、腌制，这样就可以在转天把新鲜的内脏提供给客人。因此我必须工作到深夜。

例如今天刚进的内脏很新鲜，呈现一种漂亮的粉色。随着时间的推移，就会变成深紫色。因此必须马上进行处理。

在请客人进店之前，我们还有其他事要做，处理内脏到底需要多长时间还不是很确定。

所以我要在每天营业结束后留在店里踏实地处理内脏。

野生动物最先吃的也是内脏

内脏在日本逐渐普及的契机是泡沫经济吧。之前一直不受待见的内脏突然受到重视，与媒体的影响也不无关系。

以前的内脏确实很臭，普通人是吃不了的。

因为很多处理内脏的从业者技术不过关，所以内脏很臭而且不好吃。另外还有保存技术、运输技术等跟现在都没法比，当然不会受欢迎。简单说，当时市面上流通的内脏都不好吃。

但是像我这样曾经经常进出肉类加工厂的人都知道，新鲜内脏确实美味。

内脏到底有什么好呢？怎么说呢，就是有一种在品尝生命的感觉。

大家知道动物世界的狮子、黑熊在捕捉到猎物以后先吃哪里吗？它们先吃内脏。吃掉内脏以后，剩下的就不吃了。因为它们知道内脏最有营养、最好吃。

有一次我试着切了一块肝脏的边角料给在附近溜达的狗。它吃得满口是血，一副很高兴的样子。内脏里确实蕴含着很多精华。

以前去肉类加工厂，台子上一般会摆一排大概相当于十头牛的肝脏，大家靠眼力来选。和肉不同，内脏地位很低，给人一种"想要多少有多少"的感觉。

因为是自选，选完以后不管出现什么问题都不可以退货。所以确实是靠实力来决定胜负，我也是在那里练就了挑内脏的眼力。

肝脏自不必说，内脏当然是新鲜的最好。我们店里的肝脏是前一天刚屠宰后取出来的，毫无疑问是好吃的。但是那些连锁店，普通商店的肝脏是什么时候进货的就不清楚了。

从肉类加工厂到批发商，再到中间人，其中要经过很多渠道，肝脏的鲜度会不断下降。

第一次吃我家肝脏的客人一般都很吃惊："同样的东西竟然如此不同。"

很多外国人认为烤肉和内脏是日本料理。前不久还有外国人不远万里特意到店里来吃烤内脏。据说是比利时五星级饭店的厨师。西班牙著名餐厅的厨师也来过。在国外，肉是主流，内脏也许让他们感到很新奇。

虽然外国人过来很难得，但有时我不由得会想："你们应该去银座，而不是来我们这里。"毕竟大老远从国外过来，还必须排队，我也不会说英语。他们应该去服务更好的店，不过我也很佩服他们，在世界各地都有一些热衷于研究美食的人。

每天要卖掉一头牛的肝脏

新鲜的肝脏就在前不久还可以生吃。我们店里的肝脏刺身可是特别受欢迎的。禁止生食肝脏是在 2012 年。时间过得真快，现在店里会贴纸告诉客人"加热以后再吃"。一旦出现食物中毒就要关门整顿了，客人可能不高兴，但还是要告知他们。

我以前也认为生吃才好吃，现在有时候也会想要生吃。

但是我渐渐开始发现烤着才好吃。烤过之后会有一种无法言表的甜味出来。鲍鱼不是烤一下或者蒸一下才好吃吗？内脏也是一样的道理。

我们店的客人，有时候会趁我们不注意想生吃，看到这种情况我们会大声提醒他们，这时客人也觉得不好意思了。

我会大声骂道："你这混蛋，别开玩笑，这样我们要关门停业的！"（笑）

客人的心情可以理解，但是我们也是开门做生意的。必须遵守法令。万一停止营业，是很对不起一直期待来店的其他客人的。

可是肝脏如果烤过头就会变得很沙很干，火候不好掌握。那个时候我们也会提醒客人别烤过火，毕竟让客人品尝美味是我们的责任。

肉好吃是因为有脂肪。牛肋排是这样，肝脏表层也是因为有脂肪才好吃。内脏也是一样的，脂肪不好也不好吃。摸一摸肉，看看脂肪是否黏着在上面就知道是否好吃。触摸的时候，如果是好的脂肪，遇到手的温度马上就会开始融化。

我买肝脏的时候，要把一头牛的肝脏全都买下来。为什么这样做呢？因为同一头牛的肝脏肯定有好的部分和不好的部分，如果只买一部分，那就有可能买到不好的那部分，那样会很令人讨厌吧。

我觉得自己是日本清理肝脏最多的人。每天都要清理 1 头或者几头牛的肝脏。一般烤肉店卖这些肝脏大概要一个星期吧，但我们每天差不多都卖一头牛的肝脏。

内脏和以前比也涨价了。主要还是因为现在开始流行吃内脏，需求增加了。那么如果刚入行的经营者要求中间商："我出高价买"，那也是买不到的。这个行业有趣的地方就在于此。

也就是说，长久以来和批发商建立的交易、信赖关系是不可缺少的。做内脏的批发商只做内脏，而专做肉的批发商也不会摆放内脏。

如果没有曾经在肉类加工厂工作的父亲那时打下的基础，我们或许难以建立起这种强大的信赖关系。我接手 Sutamina 苑之后进一步加强了合作关系。如果我说想要好一些的肝脏，批发商会竭尽全力帮我找到。

但是，如果市场上没有这种商品，那我们也拿不到。

比较发愁的是新年、黄金周、三连休这些日子。市场都不开，我们也没办法。因此，我们会把九月份进货的最好的肝脏冷冻起来留到新年时使用。

　　12月至次年1月冰柜是空的。我会跟关系不错的人打招呼："新年和黄金周时别过来。" 其他时段，想吃多少有多少。

在烤肉行业制胜的法宝就是烤内脏

随着年龄的增长，我饭量减少了，但还是喜欢吃内脏，特别喜欢吃牛大肠。盐焗口味的可以就酒，酱汁口味的可以就饭。

前面也提到，以前内脏的地位不高。所以，我一直想把这么好吃的东西介绍给大家，推广一下。

刚开始经营的时候，我就想，如果能做好内脏就可以独霸烤肉行业。不对，实际上我当时的心情是："要让这个理想成为现实！"

确实如我所期待的那样，很快就迎来了这样的一个时代。

我在清理肝脏的时候从不偷懒。把一块肝脏放在眼前一看，我就知道应该从哪里下刀。这也是一种经验。

如果还残留从表面看不出的筋和血管，就会影响口感，要把这些都清理干净。剩下的就是重复作业了。Sutamina 苑的拿手菜就是这样修炼出来的。

从我 15 岁入行以后，随着生意越来越忙，我对内脏的处理要求更严格了。我一直思考的是，如何切、如何腌制才能更好吃。

大家可能都难以想象，过去只要去肉类加工厂，内脏想要多少就可以买多少，而且很便宜。

现在年轻人特别喜欢的、很难买到的横膈膜肌肉那时候也是应有尽有。

也就是说，在日本人完全不吃内脏的时代，我很有先见之明，一直努力向客人推销内脏。对原本只点了肉类的客人，我会劝他们："很好吃的，尝一下啊！"

例如有个部位叫作牛的第四胃（牛四胃）。现在比较普遍了，但以前没有这个菜。为什么这么说呢，因为大家都不吃，所以就没有名字。内脏批发商的店里有很多库存，他们会拜托我"能不能卖卖这个呀"，于是我开始积极地推销。

媒体很快关注到牛四胃，在电视上播放了节目说"牛四胃很好吃"，很快就掀起一阵"牛四胃热"。

这回又是同一个批发商找到我说"不要上电视了"，问了原因才知道"雅信上电视以后大家都觉得好吃，牛四胃库存就没有了"。是不是有点可笑？我跟他说："不是你让我卖的吗？"

以前大家都不会正眼看牛四胃，等意识到的时候，才发现大家都开始叫起"牛四胃"了，这个世界是不是很有意思？

大概就从那个时候开始的吧，我们店开始忙起来了。人真是不可思议的物种，越忙越不会偷懒。越忙越想让大家品尝到好吃的，所以就更加努力。

我们努力的结果就是，大家开始说："如果吃内脏的话就要去 Sutamina 苑。"肝脏、牛瘤胃、牛舌、横膈膜这些内脏迅速成为人气商品。

前面我给大家介绍了处理、腌制内脏的情况。工作量是很大的。我们店里一天处理的肝脏，如果技术不熟练的话，大概有一半要作为垃圾扔掉。

我在处理牛四胃的时候开始戴老花镜。因为其中可能混有牛的胡须，必须一根一根拔下来。牛为了保持嘴的周边和鼻子的湿润，经常会用舌头在口中舔，这样胃中就有没消化掉的胡须。

一头牛只能取到很少一点牛四胃，这个操作是必需的。如果有牛须残存，口感会差很多。

烤肉店如果想偷懒还是有很多方法的。但是我一直对自己说，如果偷懒的话早晚会受到惩罚。处理、腌制内脏都是自学的，我一直思考如何才能做得更好吃，因此客人才会表示认可，评价我们店"很好吃"。

我们店在互联网上的评价也不错。我很高兴，大家特意去给我们打分。但是我自己不看评价，万一写了什么不好的恶评我会很生气，血压还会升高，甚至会骂人（笑）。

如果有什么不满的话可以面对面说，比如"我是做什么的，我是这样想的"。

获得"Tabelog 百姓评选美食"金奖登上烤肉店巅峰

如果你开车的话，可能会听过一个名字，就是著名堵点"鹿滨"。早上过桥需要一个小时，在司机中口碑很不好。但是，现在一提"鹿滨"，大家就会想到 Sutamina 苑。

有的高级酒店还会打来电话，要帮从国外来的游客预订。帮忙预订大概是他们的工作吧，但是很抱歉，我们店不接受预订。

从国外来的客人，大概一天会有一拨吧。我们店里的人都不会说英语，但是让大家品尝美食的心情都是一样的。

"牛瘤胃用英语怎么说？"

"First stomach."

这种简单的交流大家都很开心。

店里比较空的日子一年大概有几次吧。有的时候需要排 3 个半小时才能进店，也有客人从开始营业前的 1 个小时，就是 4 点开始排队，到了 8 点才能进店。客人多的时候 3 点来排队的那拨客人在开始营业后很快就能坐满。

有些客人想着下雨天人会不会少一些呢？就趁那会儿过来，没想到客人集中更是拥挤。大雪天步行来店的客人也有。拦不到出租车，从王子车站步行过来，再从西新井回去的人也有。大家都很不容易。

虽然忙，但是我很开心。如果某一天有空闲，就会觉得这天特别长。我们店里也会有无论做什么都没有客人的日子。

疯牛病闹得特别厉害的时候，客人真的不来了。没办法呀，没有肉。即使有肉，那个时候全日本的人都不吃肉了。

再有雷曼事件的时候，客人明显减少了。但因为是经济方面的问题，我认为早晚都会恢复的，肯定会有大人物帮我们想办法的。

没有客人的时候我就专心研究菜肴，心里暗下决心，我肯定会让 Sutamina 苑再次火起来的。

功夫不负有心人，过了不久就迎来一个繁忙的高峰，大概是创业以来最忙的日子吧。做什么都能卖出去，我不由得感叹："日本真是富裕起来了！"

接着，发生了东日本大地震，震后的日子很困难。

那会儿有时候会有人打电话询问："你们家的牛产地是哪里？"他们想干什么呢？我曾经怒骂："你们这样的就应该去连锁店！"

连锁店一般都用进口的牛肉，不是国产的就放心了吗？希望这些自私的人也考虑一下受灾地区养牛的人，大家不都是日本国民吗？

大地震后牛肉的供应量减少了。也许是受流言影响吧，大家都不吃东北地区产的牛肉了。对牛肉需求的减少意味着屠宰量的减少。本应该卖得最好的牛里脊肉也开始卖不完，这样必然会导致内脏供应的减少。

如此看来，餐厅提供牛肉，客人来店，我们必须感谢这看似普通的循环。我看到客人吃着自己做的菜肴连说"好吃"，真的特别开心。

我们认为好的客人是会吃的人。不会烤焦，麻利地烤肉吃。烤肉网也基本不会烤焦。他们吃烤肉如同行云流水，一气呵成。这样我们也可以保持一个好心情提供美味佳肴。

自己可以把肉烤到最好吃的状态才是烤肉的真谛吧。牛排则是要告诉厨师烤的程度，由厨师替我们烤好后端出来。

几乎没有专门做烤肉的厨师，这是为什么呢？日本料理、法国料理、意大利料理的名厨数不胜数，还有些明星厨师。只有烤肉没有。也许大家一直并不认为烤肉是规格很高的食物吧？就算拉面也有著名的厨师。

1999 年诞生于美国的美食攻略"Zagat Survey"将

Sutamina 苑评为日本美食的第一名。2018 年获得 "Tabelog 百姓评选美食金奖"。得奖对我来讲是一种鼓励,特别开心。

全国有三十几家店获得金奖。其中我们店单人客户消费额是最低的。贵而且好吃,这是理所当然的。但我们尽量以低廉的价格提供美味佳肴,这也是我的准则。

这样一说,可能会有人反驳:"你们那儿在烤肉店里也不算便宜呀!"(笑)

表扬打工店员促其成长

打烊后放下暖帘，开始计算营业收入。一天的努力换算成数字的一瞬间让人很紧张。从父母那一代起就开始做生意，我骨子里也是个生意人吧。我认为自己对金钱管理是很清楚的。

年轻时在店里帮忙，只能拿到一点零花钱。没领过工资。所以我以前一直在想，怎样才能赚很多钱呢？

不过现在我觉得金钱好像是自然而然涌现出来的。只要你努力，它就会跟在你的身后。如果想扩大销售额，那首先每一天都要努力工作。

我们店把家人算进去一共有 6 个正式员工。另外还有打工的店员（临时工）。他们是随时雇用的，都是住在附近的熟人，我儿子、女儿以及其他临时工介绍来的。

例如我女儿的同学平时白天在其他地方工作，到了晚上会免费来帮忙。他说"不要钱"。工作结束后和朋友们一起吃店里给员工准备的烤肉套餐最开心。

临时工中既有很快就辞职的孩子，也有能做很久的孩子。他们能否干长久，我在面试的时候就能猜个八九不离十。擅长做接待服务还是擅长操作机器，这些都是性格决定的。每个人性格各不相同，所以才会有各种职业。

去年年底很辛苦。我还从没经历过那种繁忙。每天都像打仗一样。从开张营业到晚上 11 点关门基本都是满员。之后一直准备食材到第二天早上 9 点。忙的时候有精气神，不管多么疲劳也不会倒下。

今天又是一个满座的日子。开门前 2 个半小时已经有人在排队了。在 Sutamina 苑，满座的日子会在日历上盖个印章。满座的标准是由销售额决定的。繁忙的日子，打工的店员甚至都没有时间喘口气，真的是特别辛苦，我们会特意多给每个人 1000 日元。

即使客人数量少，但是如果吃了很多、喝的也很多的话，人均消费额会上升，打工店员就会更有干劲。

这已经是做了十年的惯例，如果"今天很忙"，打工的店员反而会很开心。以前在我们这里工作的人，因为赶上满座一个月可以多赚13000日元，特别开心。

如果能用好打工的店员，对经营很有好处。他们的工作也把我的工资挣出来了。为了让他们舒心工作，必须注意平时的措辞。

例如，绝对不可以用高高在上的语气说话。不管是哪种厨师，总有一些人一旦水平提高就会给人居高临下的感觉。

但那样的店没什么发展。

为了让打工的店员能够长期稳定地工作，我也做了很多努力。比如大家都喜欢吃店里提供的餐食，那我就尽可能给大家提供好吃的。工作结束后还可以以成本价喝啤酒，米饭也是随便吃。

最重要的是让员工心情愉快地工作。有什么事情拜托对方去做的话，必须让对方无法拒绝，要高明地去做。这就是用人的秘诀。

我就觉得自己是"会用人才能赚大钱"。如果不能很好地用人那就不能赚钱。善于用人，让他们去赚钱。

我的工作是切肉、做准备。我们没法去给客人点菜。是员工给我们带来了工资。

自己这么说好像不够谦虚，只有大家团结一致、勤勤恳恳地工作，才能创造出如此之高的营业额。保持下去更是不易。

这个月基本上每天都是满座，这是值得庆祝的。

不用水的炖杂烩在活动上大受欢迎

　　我有个梦想。就是什么时候在白领之街——新桥开一家炖杂烩店。有那么多白领，肯定是有需求的。

　　在各处吃遍美食的广告代理店的人跟我说"绝对受欢迎"，我觉得应该是没问题的。

　　我对内脏有着无限的自豪和自信。它既好吃，还有很多做法。正因为如此，我猜想在新桥开一家只经营内脏炖杂烩的专门店会受欢迎的。

　　我家经过反复试错，做成的炖杂烩是不用水的。人类的身体大部分是由水构成的。内脏也一样含有丰富的水分。所以开始要用低温煮，等待析出水分。也不放蔬菜，这样就要煮半天。

　　以前我参加过经常照顾我们生意的寺门先生组织的

活动。

那是在东日本大地震结束后不久，我记得在去会场的路上车没有油了。

那时还处在限制营业的状态，虽然营业时间缩短了，但我在那个活动上以一碗 800 日元的价格卖炖杂烩。总销售额是 80 万日元，竟然卖了 1000 杯，一周卖了 400 万日元。我们家的炖杂烩是不是很厉害？

把炖杂烩浇到米饭上，再拌个鸡蛋更好吃。我想让新桥的白领排 50 人左右的队。把热乎乎的炖杂烩浇到米饭上得多好吃啊，大家还会说“再来一碗”。一天卖 100 杯肯定没问题。做体育出身的营业员吃得饱饱的，下午就可以精神百倍地去工作了。

如果开店，在东京都都心，租高价房太傻了。把轻型汽车当作移动小铺就可以。在有乐町附近的东京竞技场里面有很多小汽车商铺，那样的地方才好。

不需要椅子，只要大家能不断进出就好。站着吃挺赚钱的，一旦坐下了翻台就会很慢。

我以前对金钱的欲望并不强烈，觉得只要和大家过得一样就好。30 年前也没什么钱，大家都说我"你总穿同样风格的衣服"。虽然很穷，但我并不觉得苦。

　　但现在情况变了，我想尽可能给女儿留一些钱。

　　炖杂烩店如果夫妻一起开最好。那样的话，周末我也能休息了。放暑假的时候，也可以选一个空闲的时间去旅行，我很想悠闲地度过晚年。

➡采访 Sutamina 苑社长　丰岛久博

父亲告诉我们要认真对待眼前的工作，我和弟弟一直记着父亲的教诲。

一直守护着开始连刀都不会磨的弟弟
但是最后还得他自己做

那家伙的优点嘛，因为一直在一起倒看不清楚了。但他是个拼命三郎这点没错。我是看着他长大的，这点可以肯定。以前家里人都很疼爱他，因为是最小的孩子嘛。我就经常会挨揍（笑）。

其实我并没见过弟弟受伤时的情况。他小时候因为手曾经被朋友嘲笑过。爸妈很不放心他。好像一直到去世都很后悔。

我是父亲的跟屁虫，小时候总是跟在父亲后边去肉类加工厂。还记得父亲带着我坐在晃晃悠悠的自行车上。父亲是个沉默寡言的手艺人，不怎么说话。那时候父亲都在想什么呢？现在只能凭想象推测一下。

现在 Sutamina 苑的牛肋排、里脊肉这些肉类都是我负责的。因为自家是经营肉店的，从小看着父亲的背影，自己便记住了切肉的方法。父亲是一个不爱讲话但特别细致的人。当然技术是很棒的。

虽然他是个沉默寡言的人，但休息的日子会带我坐电车去水乡佐原钓鱼，很开心。

母亲是生意人的妻子，给人感觉是比较传统的女性。我总和她吵架。只有和自己的家人才能想说什么就说什么吧。现在想想，当时应该更心平气和一些，很后悔。

以前这附近除了商店街，什么都没有，特别热闹。我家前面人来人往的很热闹。肉店也做一些熟食，小时候总是用手抓土豆饼吃。

母亲做好饭我们兄弟一起吃的时候比较多。大家都不挑食。

因为家里是经营肉店的，我觉得可能比一般家庭吃好吃的机会多一些。一般家庭吃不了牛肉吧。那个时代大家都很少能吃到牛肉。

开始是我和妈妈两个人开了这家烤肉店，后来弟弟加入进来。那个时候我 24 岁。大概过了五六年吧，妈妈就不在店里帮忙了，只有我和弟弟两个人一直忙活到了现在。

切内脏不是我教他的。应该说是我一直从旁守护他吧。即使教给他，如果本人不努力是怎么也学不会的。开始他连刀都不会磨，我曾经帮他磨过刀。但最后总要自己去做的，所以我基本不会开口指导他。

刚开始经营烤肉店的时候，客人不算多。弟弟可能不太清楚真的没事可做的那种状态。自从大家开始去超市以后，商店街也失去了活力。

但是在泡沫经济之前，客人又增加了。应该有多方面原因。一个是我们一直在很认真地经营，对待眼前的工作。这也是父亲对我们的要求，我们始终坚守着。

每天都会有很多从比较远的地方过来的客人，这也是非常难得的。如果是繁华街道还可以理解，但我们这里真的是啥都没有，大家就是特意来店里吃烤肉的。

和以前相比，肉的种类增加了，工作量也增加了。如果不能多提供菜品，就会流失客人。我们开始经营横膈膜筋肉在烤肉店里算是相当早的了。

你问我准备的肉中哪种最好吃？是否好吃要由客人来决定。拿今天我准备的肉来说，三筋比较好。

最近的客人也比较识货，因为我认为比较好的肉，客人们往往会追加点菜的。

要感谢时代还有和我们有关的所有人
托大家的福才有今天的 Sutamina 苑

弟弟以前好像受过欺凌，我感觉他的性格有些内向。自从在这个店里工作以后，越来越忙，工作也变得有意思，他越来越有信心了。

我们两个人一起经营这家店也有一些时间了。以前来吃烤肉的很多是体力劳动者。现在女士来的也挺多，我感觉时代在变化。

这几十年都是两人一起工作，有时候我们也被称为黄金搭档，那我们为什么可以和平相处下来呢？我想是因为我们彼此互不干涉吧，忍耐很重要。

如果想说什么就说什么的话，听的一方会觉得无趣吧。那家伙如果说了啥，我就不再说了。我是忍耐的那一方，毕竟我俩年龄还差一些。

吵架往往不需要理由，要推动事情向好的方向发展其实并不容易。我和妻子结婚几十年，关系很好的，至少表面上是这样的（笑）。

现在托大家的福，我们两个人一起经营的 Sutamina 苑已经发展成为一家有名的餐厅，如果在其他地方开店的话是否能成功也说不准。我觉得过去这 50 年是好时代，像我这样没什么特殊才能的手艺人也可以生活。如果放到现在，我都不清楚自己能做点什么。大家不都说现在是不需要匠人的时代吗？

托大家的福我们才有今天。客人、父母、亲戚。弟弟是合作伙伴，关系是不是那么好呢也不一定（笑）。

如果退休了，我想去苏格兰。我想在电影《彼得兔》中出现的深山里散步。那一定会让我觉得很开心。新西兰也不错，羊比人还多。

开店马上就要50年了。

休息日或者有时间的时候我会闲逛一下，最近还去了川越。如今身体开始出毛病了。我一直在坚持经营我们的店铺，但现在有些累了，想早点退休，2019年我就69岁了。

但是我和父亲很像，很有忍耐力。默默地干活儿更适合我。所以我能坚持到今天。

我想也许自己还能和那个家伙一起干几年。

第 3 章

丰岛雅信的工作哲学

最讨厌的事自己来做，打扫卫生间是我的工作

我们店开到晚上 11 点，然后就要开始收拾整理。餐桌上的餐具由打工店员收拾，然后要擦地。结束之后打工的店员就可以享用他们一直期待的员工餐了。

我们店的员工餐主要是肉类。也会上一些余下来的边料和汤。当然米饭随便吃。

肉的口味和拿给客人的完全一样。经过一天的努力工作，最后终于可以尽情享用美食。年轻人很多，大家吃的时候看起来很开心，心情很不错。

打工店员开始吃饭的时候，我和哥哥、其他员工还有工作，没法一起吃。等他们回去，我们完成肉类、内脏的处理后，才是我们吃饭的时间，有时候得到凌晨了。

打工店员吃饭的时候我开始打扫洗手间的卫生。戴上手套，一下一下用手刷。从店里越来越忙的时候开始，我决定自己负责打扫洗手间的卫生。已经有几十年了。

一开始店员和打工员工看到我在打扫卫生间都觉得很吃惊，我已经很适应了，所以不觉得怎么样。打工店员照样开开心心地吃饭。

卫生间保持干净，心情会很舒畅。用完卫生间后心情舒畅了，就会接着喝酒，然后再方便一下，这样可以促进店里酒水的销售（笑）。卫生间干净，客人高兴，销售额增加，何乐而不为呢？

换气扇也是每天都打扫。我们的设备可能会旧一些，但都很干净。

我是不会一样一样教打工的店员怎么做卫生的。但大家很快就能记住，把店里的角角落落都打扫得很干净。

我对他们是这样说的："在店里做卫生就像打扫自己房间那样。"

还说过："如果今天偷懒一次，那明天很可能就会少来一批客人。"如果继续偷懒，那么可能还会有客人不来。到了后天就会有两批客人不来了。想到这里，原来不想擦的地方也必须仔细擦干净。我知道贫穷的时候、店里很清闲的时候那种可怕的状况，因此我说的话对大家都会有触动的。

没事做是很可怕的。为什么这么说呢？太清闲的话，员工会看到店里不希望他们看到的地方，忙起来，只要专注工作就好。

我觉得，对于大家都不喜欢做的事情，如果上面的人不带头做，就不会有部下跟着你。做卫生也是一样的，每个人可能都想偷懒，如果有人说自己从不想偷懒肯定是在说谎。但我不会去偷懒，因为我不想输。我不想输给自己的惰性。

我以前做事情也偷过懒，也因此遭遇过挫折。所以我现在才要大声说不可以偷懒，这是很有说服力的。

如果有人跟我说"我不会"，我会呵斥他"怎么可以失败"

我们店周边，到了晚上就会很安静，基本没有行人了。

等打工店员回去后，就是我晚上的准备时间。一个人一边听半导体广播一边默默地做事。背景音乐经常是"夜间广播特快"。因为我想集中精力工作，所以不能听那些吵闹的节目。FM 的 "JET STREAM" 这个节目也很好。

我想把当天傍晚配送的肝脏以一个好的状态在第二天提供给客人，所以必须连夜处理好。虽然我的生物钟和一般人有点不一样，但是任何时候都想知道一天发生的事情，如果不知道社会动向是没法做生意的。

音乐、电影一直是支撑我的心灵鸡汤。书也是生存的力量。我喜欢看书，看了三浦绫子的《冰点》以后，泪水夺眶而出。可能那些作品改变了自己。

山本周五郎的历史小说也很有意思，20多岁的时候我特别喜欢看书，计划把他的历史小说全看一遍。人性的善良、懦弱、人情世故这些，我都是在书本上学的。年轻时看的书还在影响我的人生，从这个意义来看，书是非常可贵的。

即使沉浸在书和电影的世界，一旦回归现实，我也可以做普通的事。因此，我觉得自己必须付出比别人更多的努力。嘴上说"不想输"，那么该如何付诸行动呢？

因为右手的残疾，我尝试走适合自己的路，打开了局面。所以比别人付出了更多，当然比别人也花了更多时间。

我2018年就60岁了，每天有12小时站在这里。我觉得处理肝脏绝对是只有我才能做好的工作。

成就我内心深处信念的是那种"你这家伙，怎么可以失败"的不认输的精神。

抱着"反正我是这样的……"这种混日子的想法生活不是很无趣吗？人有各种价值观，但不论哪种价值观，都是从不服输开始的吧。

工作和人生，其实就是和自己不断较量的过程。

我说了很多遍，我不喜欢认输。

遭受挫折的瞬间，我和普通人一样，心中会熊熊升起一种远超普通人的好胜心："我一定要做好给你看看。"

磨刀我开始也不会。经过反复练习终于学会了。我用双手按住装着肝脏的塑料袋，用嘴打开。即使这种方法看起来容易，但掌握其中的窍门还是花了不少时间。

如果有人跟我说"我不会"，我心里会燃起怒火暗骂"这个混蛋！"。我开始意识到正因为手是这样的我才能有今天。我应该亲吻这只手，好好感谢它。

为了让客人认可说"好吃"，每天都在思考

我以前就很喜欢历史小说。我觉得，从一个美浓的卖油商人起家，到后来扬名于世的斋藤道三是很厉害的人物。但我最喜欢的还是织田信长。

"如果不叫的话就杀掉。"

年轻的时候觉得这样的风格很酷。甚至自己也想那样做。不对任何人谄媚，意气风发地工作。很有信心地问客人："你看我家的肉很好吃吧？"

我甚至觉得如果不喜欢我做的菜，你可以不来。大家年轻时可能都会认为自己的是最好的吧。

我曾经觉得不懂我们店里肉的味道的人就是傻瓜，是不是有点轻狂？当然，年轻的时候还是要有一股子闯

劲的。但是随着年龄的增长，人是会变的。我的心境发生变化是在 50 岁以后吧。

比如说吃了我们店的烤肉，有的客人既不肯定也不否定。我就想："等着吧，我一定得让他说好吃。"

首先我要思考的是如何做才能让大家觉得好吃。然后需要下功夫。开动脑筋，冥思苦想具体应该怎么操作。

我的心情渐渐从"我要杀掉它"向"我要让它叫起来"转变。也渐渐明白后者其实更有意思。

东日本大地震之前，生意特别好的时候，我有点得意忘形，但现在完全不会那样想了。不知什么时候客人可能还会减少，这个谁都不知道。因此必须一直努力并保持谦虚的心境。

令人高兴的是，我们店被选为日本最好吃的烤肉店，如果按照大相扑的段位来说，要么保持横纲的位置，要么选择引退，答案是二选一。而我还想继续当横纲呢。

边走边吃也是一种修炼，在柜台观察厨师

过去不像现在这样，客人多很嘈杂。但也不是完全没有客人，有很多客人是住在附近的老客户。

Sutamina 苑能一直在这里开店是因为这里也是我们的根据地。这是唯一的原因。我们从未想过去东京中心地区开店，现在就更没有这种念头了。客人如果继续增加，我们的身体也吃不消（笑）。

过去也会有很多没有客人的时间段。开店营业如果有空闲时间是一件很痛苦的事。

空闲的时候在思考什么呢？年轻的时候会想想高尔夫、美女。但是没有客人的时间其实也是机遇。我做过各种尝试，改变一直以来使用的肉，提升一点档次，改变切肉的方法等。

我和哥哥不一样，没在其他地方做过学徒。只能反复试错。用自己的舌头去确认，用心去尝试，把自己认为好吃的菜端出来。

　　我去别的店里吃饭，绝对不坐普通的桌席。

　　我要坐在柜台席上，观察厨师做饭的动作。比如肢体和手上的动作，以及整体动作的协调性。我会很认真地去观察厨师接下来该做什么了。

　　如果说判断一个人是否是一流的厨师，看他的动作就知道，可能会惹恼大家。但确实是在很多店吃过之后才能积累经验。这也是件好事。

　　比如，有的人喜欢有女招待的店。虽然不能说我完全没去过，但是这种店你即使再注意节约，最后结账也是不小的开支，挺傻的。

　　现在如果去小酒店，我会说："就拿这 5000 日元弄点好吃的来。"

　　做餐饮最重要的一点是喜欢吃。因为很便宜嘛，我觉得边走边吃在兴趣爱好中算是成本低的。

去有女招待的店，或者去高尔夫场，去夏威夷大概需要花多少钱？2 万、3 万、几十万？能吃掉相当于餐费那么多的食物吗？那是不可能的。

吃饭应该说是便宜、有趣的一项爱好吧。而且确实对自己也有实实在在的好处。

只要想学，马上就可以开始学

Sutamina 苑一直致力于为客人提供美味的肉制品。在任何一家店这个应该是最基本的。但我想从中凸显一些个性化的内容。

我开始思考其他店里没有的东西到底是什么？那就是内脏了。

我刚在 Sutamina 苑工作的时候，还没有提供新鲜内脏的烤肉店。卖肝脏的店也很少。

在以前肝脏真是没人吃。大家对那种沙沙的感觉印象深刻。变得如此受欢迎还是最近的事。

内脏，特别是肝脏，可是我们店的镇店之宝。我们也会跟客人宣传"这可是很好吃的"，尽量把准备的肝脏全卖光，那也是我们的一点自尊心吧。我们不能让满怀期望过来吃烤肝脏的客人失望。

一般经营店铺的话，房租是要缴纳的，另外还要交水电费。如果一直默默无闻，客人是不会来的吧。

因此，我想把美味的烤肉和内脏作为我们店的两大武器。大家肯定早晚能明白内脏之美味。

属于我们的时代终于来了。

我们这里做足准备工作，客人逐渐增加也还能应对。渐渐地就有客人会帮我们宣传："鹿滨附近有家好吃的店。"

空闲下来我会继续钻研菜谱。经常边走边吃，不管是什么细微的东西，都想尽快吸收。

性价比高的店抑或高级料理店都有很多值得我学习的，例如去"京味"的时候，看到店主人鞠躬时候的样子，我曾经感动过。为什么那样做让人感觉很好，好好观察之后我发现了其中的奥妙。

鞠躬的时候，不光是腰部，如果膝盖能弯曲一下会让人觉得你很有礼貌。

是的，只要你有学习的欲望，在哪里都可以学。瞬间就进入学习的状态了。

50 岁以后发现了新的领域，人类不管何时都可以创新

晚上打烊后收拾一会儿，就要开始处理内脏了。开始我是站在厨房里处理内脏，这项工作往往需要几个小时。

首先需要用手触碰一下，接着用刀试一下哪里有筋。如果客人吃到筋，口感会很差，所以必须去除全部筋。这项工作很花时间。

和以前相比我干活儿快起来了，做得也很好。因为这几十年来我一直做着相同的工作，对于怎么做才能更快一些，一直在反复试错、琢磨。

那么，和以前相比技术到底提高了多少呢？这个还不太清楚，大概过了 50 岁以后，原来想不明白的事情，

现在都看清楚了。这也许和自己眼界开阔了有关。我开始关注自己周边的情况，觉得那样也很有意思。

开始营业以后，可以看到客人的情况。他们在聊什么话题，想点什么菜，接下来还需要什么，这些凭感觉逐渐可以了解。在通电话的时候还可以听到远处有客人在喊店员。同时还会关注到哪个桌子酒不够了。还会听到有人说"风向变了，有人打开了后窗"。这些信息扑面而来。

这大概就是一种最真实的状态吧。

在我们店还比较清闲的时候，我经常思考新的菜单，拼尽全力焦急地希望改变那种被动的状态。为什么会这么闲呢？真见鬼！但是正因为是那会儿一直不放弃努力，才会有今天的自己。

能够让自己保持高昂的斗志、"持续燃烧的材料"很重要。我或许一直在寻觅这种"燃料"。

如果不能燃烧就不会如此投入，我也就不会有这么大干劲。

我就像井上靖的小说《苍狼》的主人公那样，总是目光炯炯地观察着四周，时刻保持一种一旦找到空当就会吃掉对手的心情。

我的身体没有得到神灵的眷顾，但这也成了我的能量。"愤怒"成为激励我前进的原动力。

地震和核能事件对我们影响很大。因为定期停电影响了店铺经营，不只是我们店，全国的烤肉店都受到了打击。

因为地震的影响，客人急剧减少，赋闲的状态让我有些焦虑，容易对各种事情产生不满。我心里暗下决心一定再让大家排队进店吃饭。所以空闲的时候就努力开发新菜品。这对自己当然也是一种挑战。

从 50 岁开始吧，越忙越开心。睡觉的时候也会考虑明天如何接待客人，而且还会和客人对话，醒来发现原来是在做梦呢。

我对店里的员工也说：如果做梦都能梦到工作的话你就可以出师了。

工作是背后努力的积累，挣钱不能抄近路

前不久我和家人一起去旅行。很久没有放松这么长时间了，回来以后没时间回家，便直接从羽田机场去了店里。

进店后马上开始为第二天做准备。深夜独自干活儿，当时我在思考什么呢？听着"夜间广播特快"，做着手头的事，想着明天会忙起来。偶尔抬头左右看看，手还是可以自如地工作，这也是多年修炼的成果。

我好像说过，大概在50岁以后吧，可以看到很多以前没有看到的东西了。随着年龄的增长，对工作越来越适应也更加从容了，可以同时做很多事情。充分运用五感会得到很多信息。而且可以一次性处理这些信息。这也跟工作越发从容有关系。

50 岁以前拼命干事业，对身边的人吆喝："跟着我一起干！"我甚至想过，不好好做的话，"跟不上我的人就不要了"。但是过了 50 岁，也许是工作压力不那么大了，自己的视野也开阔了一些。员工经常说我："开始关心身边的人了。"

以前可能是因为自己对工作比较紧张，总觉得自己有责任带着大家拼搏，但现在心情变了："你们也不能掉队啊。"

随着年龄的增长，愈发明白讲道理的重要性。如果道理不通是不可行的。

所谓道理是什么呢？作为人应该遵守的正确的道路。比如"偏离正道的行为"是不符合道理的。商人要本分地做生意。不可以忘记道理。

重要的是认真努力地去工作。所谓工作就是从表面所看不到的、一系列努力的积累。

比如昨天刚刚擦过这面墙，明天不擦也行吧。如果这样做就会对自己越来越宽松。人性是软弱的，容易偷懒。即使我也是一样，我经常会想："唉，今天就这么睡吧。"

我们有时候会想"偶尔为之吧"。我会说："如果你那么做，咱们店就会变得很清闲。"当然这也是说给自己听的。如果不认真做眼前的工作，说不准什么时候就会变得很清闲。想到这里就会很恐慌，必须认真干才行。

偷懒的恶果自己早晚会尝到。挣钱是没有捷径可走的。

没有只来吃肝脏的客人，所以肝脏损失一些也无妨

在烤内脏领域取得优势就可以称霸烤肉界。这是我的信条。

在可以吃到美味烤内脏的店吃任何一种肉都会觉得很好吃。光有内脏不行，光有肉也不行。我们店是凭借内脏和肉的平衡，还有我和哥哥的平衡取胜的。

一般每天都要进几头牛的肝脏，但有一半在加工处理后会扔掉。因为如果不这么做，味道就达不到我的要求。

其他店的人可能会说："他是在撒谎吧？"看了节目《真实记录》中播放的大量处理的内脏被扔掉后的场景，同行甚至会说："这是作假吧？"这是千真万确的，扔掉

的肝脏甚至都不会做成小菜，而是直接扔掉。

我不知道其他店是怎么做的，我这么做是因为这样处理后的味道很好，这也是我的信念。

首先要把重5—6千克的肝脏切下来一半。然后细致地进行剥皮、去筋。如果不好好清理干净就会齿间留痕，因此必须认真操作。即使是新鲜的肝脏，如果不能快速处理食材就会变老。去筋以后，腥味和那种令人不愉快的咬头就会消失。最后还要考虑肝脏的口感，切成3厘米左右可以一口吃下去的大小是最合适的。

做完这些才能算是完成全部肝脏的处理工作。看操作或者听说明可能会觉得如此简单，其实并不是你想象的那样。

从15岁入行到现在已经有45年了，

我没在其他店做过学徒，一直是自己摸索过来的。没有人教我，因为右手不好使，大概也没办法教吧。只有自己掌握、记住才行。

因为自己吃过这种苦头，如果有人拜托说"请您教教我吧",我是不会拒绝的。

比如"这个地方用手剥一下吧,你看是不是很快?"这样的指导。

经过如此细致的处理产生这么多的废弃物,是可以理解的吧?但只要认真做好,肝脏的味道确实鲜美无比。

说得极端一些,即使烤肝脏亏损一些也没什么。因为不会有人单纯是为了吃肝脏才来这里。我们认真细致准备的内脏和肉不断被客人享用,那确实是件让人愉悦的事。

我和打工店员说："把客人想象为你的女朋友"

　　我们店除了哥哥和我，还有正式员工。大家已经一起工作 20 年了吧，就像家人一样。

　　打工店员（临时工）有 10 人。有的是女儿的朋友，或者是朋友的朋友介绍，经人介绍来我们店的孩子很多。年轻人为什么都要来我们店打工呢？可能是因为我们的员工餐好吃（笑）。

　　和打工的店员接触要保持适当的距离。

　　会有人说我"对打工的店员很客气"，就好像和朋友相处那样吧。

　　打工店员们好像也把我当成亲戚大叔那样交往。

　　我们店一直雇佣员工，我一直坚持的一条就是决不能居高临下。店里特别忙，打工店员都忙不过来的时候与其说"快点儿干"，不如说"真是忙得不识闲啊"，这样自己和对方心情都会很好。我很注意让大家心情愉快地去工作。无论怎样都要出钱的，让对方开心对我们都有好处吧。

我对打工店员说："在给客人点菜的时候，要像对待自己的女朋友那样对待客人。"打工店员就像点菜单的配送员，如果对方是女朋友，就会想让对方觉得自己特别好吧。我跟他们说，为了让她以后还想见到你就要热情地接待客人，帮着点菜。

我应该算是很照顾店员的吧。在我们店学徒可以学到很多东西。肉和内脏的知识、技术我都会毫无保留。曾经有比较有名的烤肉店的员工过来说"请教教我"，我也不会拒绝的。教人其实不是一件容易的事情，如果没有材料也做不到。

曾经有个家伙宣称在我们店当过学徒，其实他只来打过两三次零工。这种人做厨师的店我不去就知道味道不怎么样。

　　我想起来，有一次亲戚给我打电话说："你在西新井开分店了吗？""那是什么店？"我很吃惊地问道。"有传言你开了分店。"亲戚说。我只做这一家店已经用尽全力了，哪还有余力再开分店呢。好像有人擅自使用了我的名字。

　　还有，大的食品公司生产过一种叫作"Sutamina苑的内脏"的商品，那会儿也有很多人来问我是怎么回事。

　　生气或者去告他们都挺傻的。我和哥哥也谈了，我们店能被模仿证明自己确实很有实力，遂一笑置之了。

做生意的乐趣在于"把卖不动的东西卖掉",重要的是义理人情

生活在这个世界几十年,每天看着各种内脏,品质好坏基本上一眼就可以分辨出来。不过话虽如此,颜色、光泽都不错就是最好的内脏了吗?却也未必,有时候需要用刀切了之后才知道,还是很难的。

批发商都知道如果送来的货不好我会退货的,所以出入我们店的批发商拿过来的都是经过严选的好东西。

"现在只有这些了。"有时批发商也会叫苦。即使那样我也照样退货的(笑)。

我和批发商经过长期合作已经建立起一种信赖关系了。在需要不停地推销牛四胃的时候,因为疯牛病,牛肉卖不动、批发商无法消耗库存的时候,我都很努力地

去帮助他们。

当然最重要的是，我卖了很多大家都不认为是畅销产品的内脏。我觉得做生意有意思的地方就是卖掉原本卖不动的东西。一开始就很受欢迎的产品谁都能卖。

我们店里收益好，内脏批发商也一样利润上涨。大家是共赢的关系，全是好事。如果只想着独善其身是不可以的，必须把眼光放长远一些。

批发商跟我说牛心卖不动，那我就卖牛心。

那下次他们就会优先给我提供好的货源吧。

我觉得做生意不管怎么看，重要的都是义理人情。

如果对方表示很困难向我求助，我就会想到要帮助对方。如果我遇到困难，虽然不是仙鹤报恩，对方也会给我准备市场上没有的货源。建立这种关系十年也是不够的，还需要更长的时间。

在盂兰盆节前后，我都要给帮助过我的人寄送礼物。也许是有点守旧，但这就是我的做法。

我觉得和工作伙伴认真相处也很重要。比如，经常进出我们店的快递小哥，给我们送货的时候我总是请他喝饮料。每次来都会这样做。对方也觉得不好意思，但确实干的是体力活，一般都会很高兴地接受我的好意。如果我说想寄快递，他们都会特别慎重地运输，还帮助我包装。

做生意重要的是情谊，必须互相帮助。

越是外行、二流水平，越会让人感到很难，使相同的工作让人看起来很简单才是专家

烤肉最重要的是什么呢？毫无疑问，首先是食材。食材不行，那么无论怎么加工都不会好吃。第二点是技术。如同 F1 赛车比赛，如果一辆赛车的车况不好，那即使是塞纳驾驶也难以赢得比赛吧。

我觉得烤肉是在新鲜食材的基础上，加上厨技和感觉才能好吃。需要那种如果这样吃一定会好吃的想象力。

比如一般烤肝脏需要香油、盐、蒜一起调味。但是我的熟人中有只用食盐调料烤制给客人的。这样一来味道就有变化。我去餐厅的时候会不自觉地思考如何调味。可能已经成为一种职业病了。

处理肉和内脏的时候如何才能留下大小合适、美观的部分是要考验技术的。一边看一边模仿好像可以学得差不多，这个环节是拉开差距的地方。

从旁边看可能看起来很简单。有人就会有种错觉，认为自己学一次就会了。可一旦自己操作还是不行，真有人回来跟我说："您再教我一下吧。"

专业人士就是做起来让你看着很简单，好像一点不费力气。

但是外行、二流水平的人会故意让外人看着很难，蹩脚地摆出自己很擅长的样子。他们的修行还差得远。没有实力的话，装也装不像啊。所以看了我的工作，外行可能会觉得很容易，他们说："那些不是很简单嘛！"

但我一直满怀信心、修炼技术才能完成的工作，怎么可能如此简单呢？

掌握技术以后，选择好的材料就显得尤为重要了。当然也不能仅凭价格一概而论，但我们店用的一直都是日本最贵的香油。过去 Sutamina 苑就是一家普通的烤肉店。大家难以想象我们会用这么好的材料吧？随着客人的增加，我们也想回馈客人。用好的材料做菜，客人也会越来越多吧。

客人很挑剔的，一旦不好吃很快就不来了。他们的决断很快，我觉得客人是最大的行家。

重要的是日课，只有准备好才能按开关

日课，有一些是每天都必须遵守的、约定俗成的事情。

比如开始工作前喝点 R-1 乳酸菌或者保加利亚式酸奶和养乐多。店里关门以后开始打扫卫生间，然后处理内脏。工作全干完后喝杯啤酒。

吃饭要吃八分饱。我对饮食还是花了一些心思的，但如果认真吃饭还会死的话那也真是没办法。我开始喝R-1 乳酸菌以后就不感冒了。我发自内心认为重复做同样的事其实很重要。

工作也是一样的。每天重复做同样的工作很重要。

我刚开始做学徒的时候，连内脏是哪个部位都分不清楚。当然不可能知道牛四胃的好坏。

但大概从 30 岁起，我们店开始忙起来了，我看到的内脏也越来越多，感觉好像能区分肉质的好坏了。店里忙起来后，有机会看到很多内脏，自然就积累了经验，内心也是积极向上的，所以开始有意识地观察肉类。

　　内脏不是越厚越好。比如，内脏的褶皱间隔是不同的。我后来知道间隔越小越好吃，因为那样口感比较好。

　　我渐渐明白决定肉、内脏品质的是脂肪和口感。

　　品质好的牛，处理起来不费事，下刀很容易。如果品质不好，下刀很困难。所以我可以很快分辨出是不是那种闭上眼睛就能切的好肉。

　　牛百叶、肝脏这些我每天都会看到，也渐渐可以分辨好坏了。我们店里原本进货的肉类和内脏就是新鲜的嘛，即使不做区分，也比其他店的质量要好。在此基础之上我可以分辨出更好的食材了。

　　在每天的重复工作中，下功夫很重要。

我一直认为滑溜溜的肠不好切，所以一直都是放到冷藏柜中冰一下再切。另外在处理内脏的时候在上面压上镇石就会压出水来。水量还不少，这样做的话调料的味道很容易渗透进去。

我不知道别人是怎么做的。这是我自己独创的方法。我也不知道这种方法是否正确，但是客人们都喜欢来我们店里，估计不会错吧。

如果每天都能有规律地生活，身体基本上也可以保持一个健康的状态。

如果得了流感或者感冒会很懊悔的。因为，即使发烧、咳嗽不停很痛苦，也要做和平时同样的工作，不能休息呀。

所以我尽量不去可能会被传染上感冒的地方。我们店的固定休息日是周二，我会坚持到那天再生病，睡一天就能好。

把握机会时，运气当然重要，但是每天的积累也是必需的。如果不做好抓住机会的准备是不行的。为此就需要每天重复同样的工作。幸运女神能否眷顾于你就在于此。

　　正因为如此，我是很重视日课的。

要分清 ON 和 OFF，睡眠的时间和质量会影响工作

　　休息日喝点酒是一种乐趣。我喜欢日本酒，啤酒也可以。晚上处理好内脏后喝一杯啤酒是最好的。

　　我有时还会用啤酒送服感冒药，这样有助于吸收，医生知道肯定会生气。喝酒的时候没有下酒菜也没关系，只要有酒就很满足了。对我来讲，喝酒是一种放松。

　　深夜做好工作之后喝上一杯是最痛快的。如果没有这个我可能没办法工作到那么晚。因为腿受伤曾经住过院，睡了一天吧，我甚至觉得要是有酒说不定能好得更快。

　　睡眠也很重要，你要把睡眠看成是工作的一个环节。

　　休息日睡上几个小时对我来讲很重要。因为睡眠质

量的好坏会影响工作效率。休息日我会睡上大半天。因为很疲惫，所以很容易就睡着了。

即使有电话找我，家人也不会叫我起来。如果我睡觉的时候被吵醒了会很生气，家人会说"他在睡觉"来帮我拒绝。

是的，因为全力工作必须保证充足的睡眠。休息日不管喝得多高兴，因为转天还有工作，所以到了 12 点，就像灰姑娘那样必须告辞了。

我平时是不泡澡的，因为没有那个时间，当然我会洗淋浴冲掉身上的汗水。

其实我很喜欢泡澡。所以休息日会慢慢享受泡澡的乐趣。每周只有一次。如果明天休息，前一天晚上就会放上温泉浴盐，慢慢浸泡身体放松一下。第二天早上起来还会再泡一次，悠闲地度过一天。

温泉当然很好。到了旅馆先喝上一罐啤酒，然后再泡温泉，充分放松。

对我来说，只要有酒和大浴场，住宿便宜一些也没问题。餐食不必非要在房间里，自助餐也行。但是我要去泡五次温泉。喝酒、泡一会儿温泉，然后再喝酒、吃饭放松一下，晚上 9 点左右开始蒙头大睡。

去地方城市的时候，我选择住大一些的商务酒店。住那些酒店的一般是公司职员吧。只要最早办理入住，那个时段大浴场没有人。进入大浴场，自己成为当天第一个泡澡的人，很爽。

以前去家附近的天然温泉泡澡是我最大的乐趣。对我来讲，泡澡是缓解工作疲劳的最好方法。

如何做才能更好？只有一直思考这个问题，世界才会豁然开朗

大家都说寿司店的口碑是金枪鱼决定的。比如，有在水产市场标价最高的金枪鱼，但最好的部位已经卖完了，还有第二等的部位可以选择。

如果是那样，应该买价格第二高的金枪鱼的最好的部位。因为那个部位一定最好吃，最终寿司店的评价同样会很好。

我想说的是，不要盲目地去买评价高的金枪鱼。要相信自己的眼力，判断要买哪个才合适。

我们店比较注重肉的质量。一直在用 A5 级别的肉。仅凭批发商的宣传还是不够的。还需要做出自己的味觉认可的料理，这样才能吸引客人。

我们店上电视的时候反响很大。

但是也有来自同行的各种批评，比如："在处理食材的时候要扔掉一半这是不是作秀啊？""因为要上电视，所以特意那么做的吧？""不可能做到那种程度吧？"

人总是以自己为标准来衡量别人是否能做到。自己只能做到这个程度，那么其他人也差不多吧？人类容易在可以想象的范围内推测他人的行动。

而我只想着："怎么做肉才能更好吃？""怎么做才可以提高工作效率？"

我的右手手指比正常人少，因此大家做起来容易的事情我却做不了。我自己也会想："真见鬼！"但如果自己不琢磨就永远无法克服困难，也就无法进步。

用菜刀的时候如果怎么也切不动就会很着急吧。菜刀是我们做生意最重要的工具，因此必须好好研磨。刀磨好后，需要确认刀刃是否锋利。这会儿还不用切肉。我单手握刀，顺手从头上捋下一根头发。如果刀刃磨得好，头发触碰一下刀刃就会断。我就是这样练习用刀的。

到底怎么办才好，我很苦恼，这时只有不断地琢磨才能想出办法吧。

不能随波逐流，机遇给有准备的人

虽然我有手机，但到现在也没发过短信。不知道怎么发，也没有时间去学。因为我觉得电话沟通就足够了，而且一直以来都是这样，也没什么不好。

我喜欢能吃的客人。大口吃肉，大口喝酒。跟花钱多少没有关系。看着客人开心吃肉畅饮，我就很高兴。

看到那些不烤肉、光顾着说话的客人，我就着急。那个时候我就不由得想在旁敲打一下："你们看看大家都开动啦。"

我们这种做餐饮生意的其实并不容易，外面很多客人排队，但确实有坐在店里既不吃也不喝的客人。这个时候我们会提醒一下："有客人还在外面等候，您这边是否需要点单？"有的客人会说："啊，真是不好意思，没注意。"如果不喜欢我这种方式的人下次就不来了吧。

但是，我们给大家提供的是便宜好吃的烤肉。所以希望大家互相尊重对方的规则。因为我们是在全心全意工作，自然希望客人也能认真对待。希望客人思考一下我们能以现在的价格提供美味料理的原因。

我想让客人说："真好吃！"因为我从早到晚都在忙的就是这件事。为了让客人说"我们还会再来的"，我一直在努力工作。

因此不管什么时候，客人对我说："谢谢您的款待，很好吃！"我都很高兴，很开心。这样绝对比闷声不响的客人好多了。对于适应我们店风格的客人，我也希望他们能在店里留下美好的回忆。

其实人呢，就是如果我讨厌你，那么你大概也不会喜欢我。如果我们店不擅长接待这样的客人，对方可能也会这样想吧。

我自己说可能有些不合适，我不管去哪里，都会给对方留下好印象。餐厅会特别给我提供菜单上没有的菜。

我喜欢对方，这种感情对方应该可以感受到。有人曾经夸奖我吃饭时的状态。这大概就是融入了对方的风格中吧。

工作上也必须重视流程。

我在 Tabelog 评选中得奖其实也不是那么容易的。毕竟是在偏僻之处的、一家不是那么出名的烤肉店。如果我想再次得奖或许很难实现了。但是，我决不放过任何机会。

人生当然也有运势，能否抓住机遇应该和日常的积累有关系吧。

➡采访曾经在 Sutamina 苑工作过的木原修一

雅信一旦进入工作状态就会变得很可怕，让人难以靠近。

店里的角角落落都逃不过他的眼睛。

亦师亦友，像兄长一般
对于努力的人很和善

我上大学的时候来到东京，大三的时候选择在 Sutamina 苑打工。

"如果想学习烤肉，就要去日本最好的店。"

这样想着，我转了东京都很多烤肉店。如果要做学徒，就要去自己认可的店。最终，除了 Sutamina 苑我没有其他选择。

　　我老家在大分县经营烤肉店，最初我并没打算继承家业，就想考上一个好大学，毕业后去当白领。一直认为那就是自己的人生了。到了找工作的时期，我开始第一次反省："自己到底想做什么？" 自己必须做什么？" 这样自问自答的结果是，我发现"自己想做烤肉"。

　　我在 Sutamina 苑打工两年，作为正式员工工作了 6年。现在我回到了老家大分县，继承了父亲留下的烤肉店。

　　雅信先生对我来说是亦师亦友一般的存在，还像一位大哥。

　　我对他的第一印象可谓深刻。他用那双仿佛可以洞察一切的大眼睛盯着我："你尝尝这个！"等我品尝了极品里脊肉用的鲜酱油，他笑眯眯地问我："好吃吧。"

　　即使过了十年，那件事就像昨天刚刚发生的一样，他那时的笑容深深印在我的脑海中。真的就像佛光照射一般。

我是因为一门心思想学习烤肉技术才进了 Sutamina 苑。雅信也许察觉到了我的心情，他很照顾我。当然不光对我，他对所有努力的人都很热情。

我把雅信说过的话、指点我的话全部记下来。回家以后整理到笔记本上，消化吸收成为自己的东西。从打工时代开始就学习他对待工作的态度。

我在店里打工的时候，特别期待工作结束后的员工加餐。虽说是加餐，但是实实在在的烤肉加米饭。

是 Sutamina 苑的烤肉。打工的年轻人很多，不管三七二十一就是吃，吃烤肉。我记得自己最多一周在 Sutamina 苑吃了六次（笑）。

我在 Sutamina 苑工作的时候，打工店员吃的员工餐是烤猪肉（译者注：现在也有牛肉）。我成为正式员工以后，每周有一次大家会在一起吃烤肉。我还记得肉从猪肉改为牛肉的时候很是开心呢。我学了几年之后，雅信开始让我负责员工餐的调味工作。

每周日或者周一会有寿喜锅，那个也很好吃。我觉得雅信先生很厉害的地方就是"调味"。

调味的主题是"甜口就是美味"。

首先，味道要清清楚楚。大家品尝的瞬间，发出"好吃"的赞叹就是好的调味。也有种料理是慢慢品出的美味，跟那个正好相反。料理放进口中的瞬间就觉得很好吃。那是可以让你吃下很多碗米饭的美味。

会说话，有号召力，所以大家都很努力

我决定在 Sutamina 苑工作的时候，内心有个准备，想把经营烤肉作为一生的工作。话虽如此，但基本上对烤肉不了解，也没有技术和知识。对我来讲，在烤肉店的工作每天都是新鲜的体验。

成为正式员工以后，在 Sutamina 苑的时间比在自己家的时间都长。大家即便关系都很好，工作和休息的时间也分得很清楚。

为了让客人高兴，为了完成代表 Sutamina 苑最高水准的处理食材的工作，大家都在各自努力着。

员工之间即使没有对话，也是相互信赖的。

雅信先生喜欢聊天，他是话题大王，很快就能带动起聊天的气氛。大家都在传："这事如果跟雅信先生说了，他能把事情讲得大家都爱听。"

如果我说"因为他是最小的孩子，爱撒娇，被大家围着听自己讲话可能会觉得很开心吧"，他肯定会生气。不管怎么说，他开朗的性格和沉默寡言的社长确实形成了一种平衡关系。社长虽然不怎么出头，但其实也是个幽默、快乐的人。

开始营业以后的雅信先生很厉害。他全神贯注的时候或者说是进入工作状态的时候，他的背影好像蕴含着灵气，从他的全身散发出来。

雅信进入工作状态后，可以看见店里的角角落落，大家在那种有些恐怖和紧张的氛围中工作。他真的很厉害，让人无法靠近，令人害怕。

我甚至犹豫要不要跟他说话。

他沉默的时候看起来很可怕，但是他很擅长鼓励别人，这也是雅信先生的性格吧。

年轻人被不苟言笑的老板鼓励一下，就会干劲十足呢。努力工作后还有好吃的员工加餐，如果当天营业额能创纪录的话还可以拿到一个红包。

如果能融入他的话题，店员和客人都会很开心，他很擅长鼓舞人心。

我想，自己不论怎么修行都不可能成为像雅信那样的人。因为我们的人生经历不同。

那么自然会产生"用同样的方法去模仿也不可以吗？"这样的疑问。即使我很喜欢雅信先生和 Sutamina 苑，完全复制成功也没有意义。因为我们不是"Sutamina 苑大分分店"，而是"ITO 烤肉店"，我们必须有自己的理想和信念，那么自己的工作才是有意义的。我当然尊敬雅信先生，但是也不能完全模仿他。我喜欢烤肉，我觉得走自己的路很重要。

据说过去大家都认为在料理当中内脏是不入流的。可以说是 Sutamina 苑大幅度提高了曾经是"没人要的"

内脏在料理中的地位。在继承了父亲留下的烤肉店开始自己经营以后，我越发觉得这真不是一件容易的事，

我在 Sutamina 苑学到了很多，如"认真了解肉类""需要诚实地去工作""每天都不可以偷懒""每天重复做理所应当的事"等。

我觉得积累很重要。

让很多人都说好吃确实是一件令人开心的事。我把在这里学到的记在心里。今后我要更加努力，不能给 Sutamina 苑的招牌抹黑。

第 4 章

兴盛之店法则

前进的时候只看前方

由于电视和杂志都开始介绍我们，我们店的名字和我这张脸开始被大家所熟悉，很多人问我："你的座右铭是什么？"我是这样回答的。

"前进的时候只看前方。"

以前因为手的问题总是想不开，我觉得那么闷闷不乐也是无济于事。但是，不知从什么时候开始，心念一转，开始"只想看前方"了。

现在我觉得没必要回头看。只看前方就行。那个时候放一首瓦格纳的《女武神骑行》，情绪就会高涨。

我从 50 岁的时候开始看着前方前进。

现在的苦恼是没办法休息。我还可以工作几年呢？我这副身体还可以撑多久呢？

岁月不饶人呢。还是有一些只凭精气神也无能为力的事情。这样说当然也很无奈。

判定好吃与否的不是我而是顾客。尽管竭尽全力拿出自己认为很好吃的料理，但最终做出评判的不是我。

所以，听到顾客说"很好吃"我就放心了（笑）。

在我们店里，透过窗户，有时候可以听到吃完饭离开的客人说话的声音。听到客人说"这里味道真不错"，是对我们最大的鼓舞了。

并不是 Sutamina 苑有多伟大，是肉真的好吃。我只是负责切肉。我一边工作一边想，如此认真处理过的内脏、牛肋排、里脊一定很好吃吧。

当然也有喜欢我们的客人特意来我们店，想看看如此偏僻地区的烤肉店为什么评价会这么高。对待那些有种不服气的心理来店的挑剔的客人，我的态度始终如一。我满怀信心如同平常那样端出肉和内脏，心里对他们说："怎么样，好吃吧。"

看到有些看起来像是美食家的人在尝到肉的一瞬间

露出诧异的表情，我心里会有些得意："怎么样？好吃吧，告诉你们还不信。"

不想输。这种心情一直推动着我前行。所以必须往前看，我不可以输。

理所当然地做理所当然的事

最近基本不在外面吃肉了。

内脏的话也只吃自己处理过的。所以我不知道其他店的味道。也没跟其他店比较过，比较之后也没有意义。我一直非常感谢到我们店排队吃烤肉的客人，但是不能因为有人排队来吃烤肉就沾沾自喜。

我一般不去有分店的店铺，因为老板是管不过来的。我也不会去那种店主人营业时间不在，委托下面的经理看店的餐厅。也许是无法相信那种餐厅吧。

比如什么地方有一家口碑不错的烤肉店。如果单纯比较一天的营业额，我们可能没有优势。但是如果以周为单位较量，我们绝对不会输。因为我们有持续提供美味料理的自信。Sutamina 苑就是这样一家小店。

每天持续做理所应当的事。就只是这样。但是，这其实并不容易。

我高烧 40℃ 的时候还在工作。做手术住院的时候到底还是休息了，但是其他时间基本没休息过。健康管理也是重要的工作之一，所以我一直很注意，努力确保睡眠时间。

年轻的时候常常一直玩儿到早上，回来继续工作。工作时间还跑去冲浪。年轻的时候就这么过来了，有体力，但是对工作不够用心且缺乏责任感。

现在想想，睡觉也是工作，而且忙的时候需要比往常更认真地去工作。人类真的是不可思议，空闲的时候总想着偷懒、享乐。相反，忙起来倒是无法偷懒了。

玩儿也没关系。但需要强调的是，其实越忙越快乐。即使身体有些疲倦，忙的时候工作也会变得有意思。繁忙的时候才是自己进步的机会。

因此自己的行为会决定今后的发展方向。

为了某个人而竭尽全力

因为每天晚上都要准备食材，还有开店营业的时候我的体重过于偏向大腿左侧，左脚出现过坏死的情况。

为了弥补右手的残疾，我经常会把重心偏向左侧，造成左脚底血栓，因为总是站着导致血流受阻。

医生告诫我要停止工作，不然我真的走不了路了。当时我也的确觉得医生说的有道理，但是对我来讲不能停止工作。

我为了不给左脚增添负担，我在厨房放了一个可以调节腿部高低的台子，继续工作。工作时间并没有减少。

现在我也是把被子卷成一个团放在脚底下，把脚抬高睡觉。

医生认为我这样连续站着工作 12 个小时是缺乏常

识，他很生气，但是也拿我没办法。

医生曾经让我住院，至少要住两周。我说："那是不可能的。那你就别治疗了。"医生也是被我搞得束手无策。

抽血检查以后，万幸没有严重的细菌感染。伤口现在有时还会痛。这个没有办法，也是一种职业病吧。大家多少都会有一两个。还必须一直和它们做斗争。

半年前得知女儿得了一种疑难病症。休息日我基本都是在医院度过的。虽然也想休息但是说不出口。女儿应该比我更痛苦吧。

我想代替女儿忍受痛苦。我老了，但是女儿今后的路还很长。我到了这个年龄，一直是拼死拼活在工作，而且得到了大家的认可，可以说没有什么遗憾。

我已经没什么欲望了，也不需要最新的家电和汽车。我只想把钱留给女儿。

前不久我还购买了生命保险。以前我一直认为没必要给孩子留下金钱。

但我还是加入了生命保险。我的想法彻底改变了。这也是我现在工作的精神支柱。

在店里切横膈肌的是我儿子。他做了六年学徒，终于可以切肉了。现在 28 岁，大学毕业后就直接来到店里工作。

看到儿子和我做同样的工作，我也于心不忍，毕竟这是一份很辛苦的工作。

我是经历过很多困难才走到今天的。我也是为人父母的，担心儿子无法忍受这种辛苦的工作。

我和儿子工作时基本不说话。我希望儿子能找到一个好媳妇，找到一个能一心和他在一起的对象很重要。有值得信赖的家人在身边总是好的。

而对我来讲那个人就是哥哥了。是哥哥把那时还是愣头青的我培养成为一个独立的手艺人。

对儿子的工作我一般不会插嘴。当然如果他问我的话，我也会教他。但是那家伙他不问我。这一点和我很像（笑）。

花时间培养人

有一个在青山学院大学学习法国文学的孩子曾经在我们店里前后工作了 8 年。他叫木原，在介绍我们店的节目《真实记录》中出现过，因此本书的读者也许知道他。

木原的老家在大分县，经营一家烤肉店，家里经济宽裕。而且他学习好，很有教养，脑子聪明也很稳重，不像我是个粗人。

虽然如此，那家伙对我来说也没什么可怕的。我毕竟是经过背水一战一直战斗到今天的。

那孩子结束在我们店的工作回老家时，他父母跟我商量："我们觉得不放心的是，孩子能否忍受店里空闲的时间。"

他们说那是很可怕的。

一直在生意兴隆的店工作，回到老家一下子闲下来，能否适应呢？因为是地方上的烤肉店，说得极端一些，可能一天都没有一单生意。

这个小伙子家教很好也没吃过什么苦，他会怎样呢？我也有些担心。回到老家后，他一直在努力。烤肉店经营在好转。我也放心了。

前不久他还特意从大分过来学习肝脏的处理方法。他说回到大分以后，对于肝脏的处理好像没有信心了。在店里工作的时候，一直在旁边看着我操作感觉自己会了，但是这个世界的事哪有那么简单呢？出现这种情况就证明自己还没彻底掌握这门技术。

在店里工作的时候其实有很多学习的时间，今天推明天，明天推到后天，这样做只是浪费时间，不会有任何改变。我这么说可能有些严厉，但事实如此。

"当时好好学就好了"，这样想的时候说不定已经有些晚了。

这和亲子关系有些像，如果父母不在了那就无法尽孝了。如果想趁他们在的时候尽孝心，那就应该马上行动起来。

不过呢，已经毕业的弟子如果回来说"请再教教我吧"，这也完全没问题。

不仅如此，我还很高兴。只要是我知道的，我就会毫无保留地教给他们。走路也是一样的，如果不认识路，与其在那里找来找去，不如去向已经在那里的人请教更快一些。

我曾经去过木原的店，尝了烤肉，感觉肉的味道不够清爽。我意识到是调味的问题。

我很生气："为什么不按照我教你的那样做呢？"我马上进厨房操作，让他尝了我做的肉。

后来听他说是因为有客人提意见味道有点重，所以才改变了调料口味。我告诉他如果一个人抱怨就不要放在心上。

"我是把多年来总结出的经验都教给你了，为什么不坚持呢？现在只要把学到的东西贯彻下去就可以。"

年轻的时候会思考各种问题。我能理解客人提意见后，就容易为之所左右的那种心情，因为以前客人也给我提过各种意见。

但是那样的人是不会再来的，所以不用介意。据说后来他按照我教的那样做了，第二天追加点餐的人增加了（笑）。

我走到今天用了 45 年。他刚刚独立经营没有几年，也是没有办法，开始的时候不会一帆风顺的。他还能低下头拜托我再教他，这已经很不错了。能被人依赖，我也很高兴。他很努力地工作，我必须支持他。木原是个生活态度认真的小伙子，也是我为数不多的弟子之一，我会倾尽全力去教他。

除了木原，还没有能够从我这里毕业的弟子。我也曾听说有一些不认识的家伙自称"在 Sutamina 苑学过"，但是在我们店做过学徒、现在独立经营烤肉店的就只有木原一个。

　　木原经常说："如果想认真学习烤肉技术，为什么不在 Sutamina 苑当学徒呢？"偶尔也有应征过来的，但是很多人好像没想到每天要工作 15 个小时，马上就辞掉工作了。他们可能以为是跟普通的公司职员一样的工作时间吧。

　　我们最初也会说"只要坐上最后一班公交回去就可以"，但是从晚上 12 点开始是准备材料的时间，决定成败的关键时刻。开店时上菜、配菜这些工作打工店员也可以做，之后如果不能和我在一起就没办法学技术了吧。我忍不住问他们："那你们是来干什么的呢？"

　　我对有热情的人是这样说的：

　　"你搬到咱们店附近吧。如果想学烤肉，那就得和我一起工作 15 个小时！"干半吊子活儿不能解决任何问题。

　　如果没有将汗水化为血水的觉悟，客人是不会来的吧。

学会去喜欢他人

决定餐饮业成败的最终还是人与人之间的交往吧。

搞销售的人为了让大家记住自己应该怎么做呢？如果在你的客户那里能够喝到橙汁已经很了不起了。

我经常跟服务员说，"如果宅急送来的话，给他们倒点茶喝"，必须珍惜在现场和我们直接打交道的人。我现在一直打交道的是批发商，我把他上面的领导、董事当作合作对象也没什么意义。

我的原则是要珍惜在现场打交道的人。对于负责我们店的人，我在中元节时一定会送最好的肉给他们。这样一直持续了 20 年了吧。

另外对于销售员，我不叫公司名而是用姓氏称呼他们。可能是因为已经打交道二十多年了吧，我打电话过去，他们有时故意回避不接电话。

其中的原因可以想象，感到很为难所以不接电话。对方用哭腔说："你让我给你找好的食材但是没有啊。"

我会说："无论如何想办法帮我一下，这也是你的工作嘛，拜托啦！"这样一来，有时候还真能给我找来。

我们平时就建立起来了一种让他们无法拒绝的关系，这是一种很自然的关系。但是确实没有的时候对方也会坦诚相告："没有。"而且还要和其它店打交道吧。"如果是这样的话，那也没办法。"我也只能放弃了。

对于第一次见面没有什么交情的人，有时我也开不了口。和销售员搞好关系首先要做的是喜欢他们。如果银行工作人员过来收钱，要请他们吃点员工餐，像对待家人一样对待他们。这样一来他们可能会听听一般来说不可能实现的诉求。当然，在对方有困难的时候我们肯定也会帮忙。

最近我们店和我个人都开始有些名气了，对我态度好的客人也多了。大概他们知道如果和我投脾气，我肯定会给他们提供最美味的料理。

我们平时肯定会给客人提供最好的肉，对于数量有限的食材，我肯定会给自己喜欢的人尝鲜。

即使是我也不可能对所有人都是笑脸相迎。非常遗憾，我不可能喜欢所有人。如果想让人家记住自己，首先要做到喜欢对方。

对对，我想起 Sutamina 苑在文艺圈开始出名的契机了。我家的亲戚认识电视节目《蜜糖公主》的制片人，因为这层关系一些明星也开始光顾我们店。

渐渐地名气大了起来，杂志、电视台纷纷来采访。讲谈社的原田真是帮了我们不少忙。现在中元节的时候我还会给他家里寄肉。我们店现在能这么出名，原田功不可没，我一直很感谢他。

我特别喜欢原田。现在他儿子也会来我们店吃饭。我会跟他说："咱们先让在天国的父亲吃，然后咱们再吃。"

喜欢一个人，注重各种人情礼节，这些都是我们长期开店的秘诀。

报 恩

回想一下，我们身边总会有一些人的爱，还会有人担心我们，我们都接受了来自双亲和身边朋友的爱。

爱是什么呢？以前看三浦绫子的《冰点》时很羡慕基督徒的生活方式。我还曾经想要皈依基督教。我向往那种牺牲自己的行动。为了别人而存在这是很了不起的。

在肉类加工厂工作的人们从小就对我很好。我大概从五六岁开始和哥哥一起去工厂玩。那里有 200 头牛，通过流水作业完成处理。一般人没机会看那种光景吧？

我 16 岁时谈过恋爱，现在偶尔还会和当时的女朋友通信。虽然我是被甩掉的一方，但是当时她父母很照顾我，所以每逢父亲节、母亲节和生日的时候我还会给他们寄去肉制品。之所以可以保持这种关系，是因为那个女孩子和她母亲对我很和善，给我留下了很多美好的回忆。虽然有几十年都没有见面，但是重要的人是不会变的。

我决不会忘记曾经照顾帮助过我的人。我一定会报恩。

我觉得自己当个销售也不错。对于喜欢的产品无论多少我都有信心卖掉。

一旦喜欢上，就会不吝赞美之辞。比如，如果我是一个车行的销售，我喜欢凌志车，我也会喜欢和我同样喜欢这款车的人，那推销的时候我就会妙语连珠。

我们店也是一样的。因为我们提供的肉和内脏很好吃才会卖。因为我希望我们喜欢的人可以吃到更多的美食。

如果是我们店的常客，我还会请他品尝我特制的内脏。那可是很好吃的。只要吃过一次就难以忘怀，味道和口感绝对不一样。

活 出 自 我

以前从 Sutamina 苑步行 10 分钟的地方有个肉类加工厂，附近住着各种人，是一个充满活力的街区。我父亲曾经在肉类加工厂工作过，据说工资很高，他偶尔还去吉原玩过（笑）……另外那里还有赌场，街道很繁华。

我上中学的时候，哥哥和妈妈开始经营烤肉店。我不喜欢学习，毕业以后游荡了一阵就开始在烤肉店工作了。

之后我成了一个"烤肉迷"。

我的世界里只有烤肉，基本没和别人说过自己右手残疾的事。以前也不太想说。但是看了我们店的电视节目以后，有人说是又有了干劲，专程来到 Sutamina 苑吃烤肉。我才想跟更多的人分享自己的经验。

小时候经常藏起来的手，现在因为大家都知道真相了，所以照相的时候也不用特意藏起来。

这个世界上还有因为我的经历受到鼓舞的人，对我来讲是难能可贵的。

我用自己的一只左手开辟了自己的人生之路。在烤肉界的奥运会上摘得了金牌。为了成为冠军，需要战略、感觉等综合的因素。而我只是认真地对待内脏，然后就是顺势而为。

活了近60年，我开始明白被别人喜欢的重要性。

为了让别人喜欢自己是需要学习的。大家不会向有知识但是无趣的人靠拢。比如，银座的陪酒女郎对政治、赛马等所有话题都能聊，其实是很厉害的。从政治到赛马所有话题都可以笑眯眯地应对，这就是一流的工作。

以前我很讨厌学校的学习。中学的时候晃来晃去没好好学习。如果让我重新来过，我会选择上大学。既可以学习还可以交到朋友，不是很开心吗？

我们为了什么工作？以前我觉得是为了自己。但是现在这份热情开始从自己转向了别人。现在考虑的是希望家人能幸福。

我妻子得脑瘤的时候我曾经向神灵祈祷。这次女儿生病了。我每天都在祈祷。

虽然都说神灵只会让可以克服的人经受考验，但是为什么只让我经受考验呢？希望女儿的病能治好。

现在我最大的愿望就是女儿和家人的健康，仅此而已。我就是为了这个目标在工作。

如果没有钱，生病的人很容易死亡。

因此，我今后要为了他人活着。

我一门心思考虑的是，如何做客人会高兴，客人会来吗？我该怎么做？我心无旁骛地走到了今天。

我做生意的工具就是菜刀、围裙和一颗坚定的心。我坚信自己一定可以克服这次的困难。如果没有信念，活着岂不很无趣？

人生只能往前看。就应该这样活下去吧。

结　语

　　小时候我吃了很多苦。我有时甚至想：如果没有手的问题自己是不是可以活得更自在一些？

　　但是现在我要感谢我这只右手。我能有今天靠的是右手引导我前进。我想和去世的父母说："你们不要担心，好好休息。"

　　我作为一个烤肉迷在烤肉店已经工作45年了。我经历了很多事情，但还是美好的回忆居多。

　　我们店开在鹿滨这个地方挺好的。如果开在赤坂、六本木那些地方可能也会有客人很高兴，但是我从没想过搬到东京都都心去。令人开心的是，东京站附近的新丸之内大楼也曾经邀请我去开店，但是我拒绝了。我对土地呀那些没什么特殊的感觉。

　　以前觉得坐头等舱、穿名牌的自己很酷。但那是浪费钱啊，去韩国只坐了两个小时飞机就花了几十万日元。

"那样简直太傻了"，我开始改变自己的看法。

当然我也不是说不做面子了。男人都想保持帅气。但是到了我这个年龄会开始意识到一些以前未曾注意的事。

我在切内脏、肝脏的时候是最帅气的。

开始营业的时候大声说："欢迎您！"

客人陆续进来后，开始点餐。

我和哥哥做的料理、肉、内脏被员工端到客人面前。

大家开怀大笑。

我会在这里看这些场景。

这是最棒的。

这是一个叫 Sutamina 苑的属于我们的舞台。

快看，今天又拉开了帷幕。

"欢迎！"

只 有 前 进

关于"服务的细节丛书"介绍：

东方出版社从 2012 年开始关注餐饮、零售、酒店业等服务行业的升级转型，为此从日本陆续引进了一套"服务的细节"丛书，是东方出版社"双百工程"出版战略之一，专门为中国服务业产业升级、转型提供思想武器。

所谓"双百工程"，是指东方出版社计划用 5 年时间，陆续从日本引进并出版在制造行业独领风骚、服务业有口皆碑的系列书籍各 100 种，以服务中国的经济转型升级。我们命名为"精益制造"和"服务的细节"两大系列。

我们的出版愿景："通过东方出版社'双百工程'的陆续出版，哪怕我们学到日本经验的一半，中国产业实力都会大大增强！"

到目前为止"服务的细节"系列已经出版 120 本，涵盖零售业、餐饮业、酒店业、医疗服务业、服装业等。

更多酒店业书籍请扫二维码

了解餐饮业书籍请扫二维码

了解零售业书籍请扫二维码

"服务的细节" 系列

书　　名	ISBN	定　价
服务的细节：卖得好的陈列	978-7-5060-4248-2	26 元
服务的细节：为何顾客会在店里生气	978-7-5060-4249-9	26 元
服务的细节：完全餐饮店	978-7-5060-4270-3	32 元
服务的细节：完全商品陈列 115 例	978-7-5060-4302-1	30 元
服务的细节：让顾客爱上店铺 1——东急手创馆	978-7-5060-4408-0	29 元
服务的细节：如何让顾客的不满产生利润	978-7-5060-4620-6	29 元
服务的细节：新川服务圣经	978-7-5060-4613-8	23 元
服务的细节：让顾客爱上店铺 2——三宅一生	978-7-5060-4888-0	28 元
服务的细节 009：摸过顾客的脚，才能卖对鞋	978-7-5060-6494-1	22 元
服务的细节 010：繁荣店的问卷调查术	978-7-5060-6580-1	26 元
服务的细节 011：菜鸟餐饮店 30 天繁荣记	978-7-5060-6593-1	28 元
服务的细节 012：最勾引顾客的招牌	978-7-5060-6592-4	36 元
服务的细节 013：会切西红柿，就能做餐饮	978-7-5060-6812-3	28 元
服务的细节 014：制造型零售业——7-ELEVEn 的服务升级	978-7-5060-6995-3	38 元
服务的细节 015：店铺防盗	978-7-5060-7148-2	28 元
服务的细节 016：中小企业自媒体集客术	978-7-5060-7207-6	36 元
服务的细节 017：敢挑选顾客的店铺才能赚钱	978-7-5060-7213-7	32 元
服务的细节 018：餐饮店投诉应对术	978-7-5060-7530-5	28 元
服务的细节 019：大数据时代的社区小店	978-7-5060-7734-7	28 元
服务的细节 020：线下体验店	978-7-5060-7751-4	32 元
服务的细节 021：医患纠纷解决术	978-7-5060-7757-6	38 元
服务的细节 022：迪士尼店长心法	978-7-5060-7818-4	28 元
服务的细节 023：女装经营圣经	978-7-5060-7996-9	36 元
服务的细节 024：医师接诊艺术	978-7-5060-8156-6	36 元
服务的细节 025：超人气餐饮店促销大全	978-7-5060-8221-1	46.8 元

书　名	ISBN	定　价
服务的细节 055：餐饮店爆品打造与集客法则	978-7-5060-9512-9	58 元
服务的细节 056：赚钱美发店的经营学问	978-7-5060-9506-8	52 元
服务的细节 057：新零售全渠道战略	978-7-5060-9527-3	48 元
服务的细节 058：良医有道：成为好医生的 100 个指路牌	978-7-5060-9565-5	58 元
服务的细节 059：口腔诊所经营 88 法则	978-7-5060-9837-3	45 元
服务的细节 060：来自 2 万名店长的餐饮投诉应对术	978-7-5060-9455-9	48 元
服务的细节 061：超市经营数据分析、管理指南	978-7-5060-9990-5	60 元
服务的细节 062：超市管理者现场工作指南	978-7-5207-0002-3	60 元
服务的细节 063：超市投诉现场应对指南	978-7-5060-9991-2	60 元
服务的细节 064：超市现场陈列与展示指南	978-7-5207-0474-8	60 元
服务的细节 065：向日本超市店长学习合法经营之道	978-7-5207-0596-7	78 元
服务的细节 066：让食品网店销售额增加 10 倍的技巧	978-7-5207-0283-6	68 元
服务的细节 067：让顾客不请自来！卖场打造 84 法则	978-7-5207-0279-9	68 元
服务的细节 068：有趣就畅销！商品陈列 99 法则	978-7-5207-0293-5	68 元
服务的细节 069：成为区域旺店第一步——竞争店调查	978-7-5207-0278-2	68 元
服务的细节 070：餐饮店如何打造获利菜单	978-7-5207-0284-3	68 元
服务的细节 071：日本家具家居零售巨头 NITORI 的成功五原则	978-7-5207-0294-2	58 元
服务的细节 072：咖啡店卖的并不是咖啡	978-7-5207-0475-5	68 元
服务的细节 073：革新餐饮业态：胡椒厨房创始人的突破之道	978-7-5060-8898-5	58 元
服务的细节 074：餐饮店简单改换门面，就能增加新顾客	978-7-5207-0492-2	68 元
服务的细节 075：让 POP 会讲故事，商品就能卖得好	978-7-5060-8980-7	68 元

书　名	ISBN	定　价
服务的细节 076：经营自有品牌	978-7-5207-0591-2	78 元
服务的细节 077：卖场数据化经营	978-7-5207-0593-6	58 元
服务的细节 078：超市店长工作术	978-7-5207-0592-9	58 元
服务的细节 079：习惯购买的力量	978-7-5207-0684-1	68 元
服务的细节 080：7-ELEVEn 的订货力	978-7-5207-0683-4	58 元
服务的细节 081：与零售巨头亚马逊共生	978-7-5207-0682-7	58 元
服务的细节 082：下一代零售连锁的 7 个经营思路	978-7-5207-0681-0	68 元
服务的细节 083：唤起感动	978-7-5207-0680-3	58 元
服务的细节 084：7-ELEVEn 物流秘籍	978-7-5207-0894-4	68 元
服务的细节 085：价格坚挺，精品超市的经营秘诀	978-7-5207-0895-1	58 元
服务的细节 086：超市转型：做顾客的饮食生活规划师	978-7-5207-0896-8	68 元
服务的细节 087：连锁店商品开发	978-7-5207-1062-6	68 元
服务的细节 088：顾客爱吃才畅销	978-7-5207-1057-2	58 元
服务的细节 089：便利店差异化经营——罗森	978-7-5207-1163-0	68 元
服务的细节 090：餐饮营销 1：创造回头客的 35 个开关	978-7-5207-1259-0	68 元
服务的细节 091：餐饮营销 2：让顾客口口相传的 35 个开关	978-7-5207-1260-6	68 元
服务的细节 092：餐饮营销 3：让顾客感动的小餐饮店 "纪念日营销"	978-7-5207-1261-3	68 元
服务的细节 093：餐饮营销 4：打造顾客支持型餐饮店 7 步骤	978-7-5207-1262-0	68 元
服务的细节 094：餐饮营销 5：让餐饮店坐满女顾客的色彩营销	978-7-5207-1263-7	68 元
服务的细节 095：餐饮创业实战 1：来，开家小小餐饮店	978-7-5207-0127-3	68 元
服务的细节 096：餐饮创业实战 2：小投资、低风险开店开业教科书	978-7-5207-0164-8	88 元

书　　名	ISBN	定　价
服务的细节 097：餐饮创业实战 3：人气旺店是这样做成的！	978-7-5207-0126-6	68 元
服务的细节 098：餐饮创业实战 4：三个菜品就能打造一家旺店	978-7-5207-0165-5	68 元
服务的细节 099：餐饮创业实战 5：做好 "外卖" 更赚钱	978-7-5207-0166-2	68 元
服务的细节 100：餐饮创业实战 6：喜气的店客常来，快乐的人福必至	978-7-5207-0167-9	68 元
服务的细节 101：丽思卡尔顿酒店的不传之秘：超越服务的瞬间	978-7-5207-1543-0	58 元
服务的细节 102：丽思卡尔顿酒店的不传之秘：纽带诞生的瞬间	978-7-5207-1545-4	58 元
服务的细节 103：丽思卡尔顿酒店的不传之秘：抓住人心的服务实践手册	978-7-5207-1546-1	58 元
服务的细节 104：廉价王：我的 "唐吉诃德" 人生	978-7-5207-1704-5	68 元
服务的细节 105：7-ELEVEn 一号店：生意兴隆的秘密	978-7-5207-1705-2	58 元
服务的细节 106：餐饮连锁如何快速扩张	978-7-5207-1870-7	58 元
服务的细节 107：不倒闭的餐饮店	978-7-5207-1868-4	58 元
服务的细节 108：不可战胜的夫妻店	978-7-5207-1869-1	68 元
服务的细节 109：餐饮旺店就是这样 "设计" 出来的	978-7-5207-2126-4	68 元
服务的细节 110：优秀餐饮店长的 11 堂必修课	978-7-5207-2369-5	58 元
服务的细节 111：超市新常识 1：有效的营销创新	978-7-5207-1841-7	58 元
服务的细节 112：超市的蓝海战略：创造良性赢利模式	978-7-5207-1842-4	58 元
服务的细节 113：超市未来生存之道：为顾客提供新价值	978-7-5207-1843-1	58 元
服务的细节 114：超市新常识 2：激发顾客共鸣	978-7-5207-1844-8	58 元
服务的细节 115：如何规划超市未来	978-7-5207-1840-0	68 元

书　　名	ISBN	定　价
服务的细节116：会聊天就是生产力：丽思卡尔顿的"说话课"	978-7-5207-2690-0	58元
服务的细节117：有信赖才有价值：丽思卡尔顿的"信赖课"	978-7-5207-2691-7	58元